Friedrich Jeremias

Tyrus bis zur Zeit Nebukadnezars

geschichtliche Skizze mit besonderer Berücksichtigung der keilschriftlichen

Quellen

Friedrich Jeremias

Tyrus bis zur Zeit Nebukadnezars
geschichtliche Skizze mit besonderer Berücksichtigung der keilschriftlichen Quellen

ISBN/EAN: 9783743630154

Hergestellt in Europa, USA, Kanada, Australien, Japan

Cover: Foto ©ninafisch / pixelio.de

Weitere Bücher finden Sie auf **www.hansebooks.com**

TYRUS

BIS ZUR ZEIT NEBUKADNEZAR'S.

GESCHICHTLICHE SKIZZE

MIT BESONDERER

BERÜCKSICHTIGUNG DER KEILSCHRIFTLICHEN QUELLEN

VON

Dr. PHIL. **FRIEDRICH JEREMIAS,**
CAND. THEOL.

BG

LEIPZIG,
DRUCK UND VERLAG VON B. G. TEUBNER.
1891.

Die folgende Darstellung will versuchen, ein Bild der Stadt Tyrus im Altertum zu entwerfen und ihre Geschichte von der aufstrebenden Entwickelung bis zum beginnenden Verfall zu verfolgen. Die assyrischen Inschriften nehmen vielfach Bezug auf die Geschichte dieser Stadt, wie überhaupt Phöniziens, und dienen, wenn sie auch nichts wesentlich Neues bieten, in mancher Hinsicht zur Ergänzung der vorhandenen Quellen. Phönizien hat in alter Zeit keine geographische und geschichtliche Einheit gebildet. Die Berichte der ältesten Chroniken und Annalen haben keinerlei Gesamtbezeichnung für dieses Land — am allerwenigsten kann das assyrische *mât aḫarrê* als solche gelten, obwohl es in einzelnen Fällen Phönizien umschliefst. Die Geschichte des Altertums redet vielmehr nur von Städten und Staaten der Küste des Mittelländischen Meeres. Erst in später Zeit bewirkt die politische Einigung derselben eine Änderung des Sprachgebrauchs. Bis dahin aber hat jede Stadt ihre eigene Verwaltung und ihre eigene Politik. Die Kriege, welche gegen Phönizien geführt werden, sind Kriege wider die einzelnen Stadtgebiete. Darum ist die älteste Geschichte Phöniziens nicht Volksgeschichte, sondern Geschichte der einzelnen phönizischen Staaten. Der Phönizier hatte vor Fremden Geltung als Bürger eines dieser Kleinstaaten, als Angehörigen des Volksstammes kennzeichnete ihn nur Sprache und Kultur. Dies alles schliefst nicht aus dafs zu Zeiten mehrere jener Staaten oder auch nur einer als politisch hervorragend die Führung über die anderen übernahm. So treten abwechselnd Byblos und Berytus, Arvad, Tyrus, Sidon in den Mittelpunkt des historischen Interesses.

Die Geschichte Babylonien-Assyriens ist mit derjenigen der phönizischen Staaten insofern eng verbunden, als letztere den stetigen Zielpunkt für die Machtentfaltung der asiatischen Grofsmacht nach dem Westen hin bildeten. Dieses Bestreben einer Ausdehnung der Herrschaft bis zum Mittelländischen Meer hat Ägypten mit dem gröfsten Nachdruck bekämpft. Die Selbständigkeit der phönizisch-palästinensischen Staaten war die Voraussetzung für das politische Gleichgewicht der beiden Grofsmächte. Deshalb mufste der grofse fünfhundertjährige Rivalitäts- und Rachekrieg, den Ägypten und Assyrien mit einander ausfochten, Phönizien mit Palästina und Syrien in beständige Mitleidenschaft ziehen. Sie waren zwar nicht mächtig genug, um kriegerisch entscheidend auf den Gang der Ereignisse einwirken zu können — nur in einzelnen·Fällen haben sie denselben erschwert —, aber ihre andauernde Unterwerfung mufste von ausschlaggebendem Erfolg sein. Dies ist der erste Punkt, in welchem die Bedeutung Phöniziens scharf hervortritt. Er beruht auf der geographischen Lage des Landes. Im Zusammenhange hiermit ist ein anderer Umstand hervorzuheben. Phönizien war nicht nur der Schlüssel zum Mittelmeer, es beherrschte dieses Meer auch bis über die Säulen des Herkules hinaus durch seine einzigartige Seemacht. Dadurch aber ward es die gröfste Handelsmacht der Welt und war als solche für die ganze damalige Kultur entscheidend.[1]) Hierauf beruhte Phöniziens grofse und folgenschwere Bedeutung. Die grofsen Königsstrafsen, welche von Ägypten nach Norden führten, gingen an Phönizien vorüber.[2]) Von Osten her verbanden sich mit ihnen am Nordabhange des Libanon die nicht minder bedeutenden Heeresstrafsen, welche den Verkehr der Euphrat- und Tigrisländer mit dem Westen vermittelten.[3]) Auf ihnen zogen die Karawanen der phönizischen Kaufherren, die um ihres Reichtums willen Fürsten genannt werden.[4])

---

1) DUNCKER, *Geschichte des Altertums*[4] p. 49.
2) BRUGSCH, *Geschichte Aegyptens unter den Pharaonen* p. 269.
3) MOVERS, *Das phönizische Alterthum* II, 3.
4) Jes. 23, 8.

In den erwähnten Punkten aber ragt Tyrus vor allen phönizischen Städten hervor. Nach der Auswanderung vornehmer sidonischer Geschlechter nach Tyrus[1]) steht es Jahrhunderte lang politisch im Vordergrund der phönizischen Staaten. Nicht lange danach begann es seine grofsartigen Kolonisationen, die sich über die ganze Küste des Mittelländischen Meeres erstreckten, und schuf sich in Karthago eine Tochterstadt, auf welche in späterer Zeit der Ruhm und Glanz der Mutterstadt in erhöhtem Mafse überging. Zu dieser Kolonisationsthätigkeit bedurfte Tyrus einer bedeutenden Flotte. Es ist nicht zufällig, dafs die Sage die Entdeckung der Seefahrkunst auf tyrisches Gebiet verlegt.[2]) Im A. T. sind die אֳנִיּוֹת תַּרְשִׁישׁ[3]) sprüchwörtlicher Ausdruck für die weite Ausdehnung und den Reichtum des tyrischen Handels. Ezechiel Kap. 27 giebt uns ein lebendiges Bild davon, wie Tyrus mit der ganzen damaligen Kulturwelt in Handelsbeziehungen gestanden hat. Infolge dieser aufserordentlichen Kräfte hat Tyrus am längsten und hartnäckigsten dem Ansturm von Ägypten und Assyrien-Babylonien widerstanden, und selbst ein Alexander der Grofse würde die schon schwer heimgesuchte Veste nicht gebrochen haben, wenn sich nicht der Verrat der Volksgenossen mit der Energie des Eroberers vereint hätte.

Dieser Widerstand der einzelnen Stadt ist nur verständlich angesichts ihrer hervorragenden Lage. Eine kurze Prüfung und Beschreibung derselben geht darum der geschichtlichen Betrachtung voraus.

Vorbemerkungen zur Topographie.

Verbindet man die Nachrichten der alten Schriftsteller über die Lage und die Beschaffenheit der Insel, auf welcher Tyrus lag, mit den in neuerer Zeit daselbst angestellten topo-

---

1) MELTZER, *Geschichte der Karthager* I p. 22.
2) vgl. MOVERS, l. c. II, 3, 149 ff.
3) Jes. 23, 1. 14; Ps. 48, 8; Ez. 27, 4.

4

graphischen Untersuchungen, so kann man eine ziemlich deutliche Anschauung von dem Tyrus des Altertums gewinnen. Das moderne Tyrus unterscheidet sich von diesem wesentlich, denn es liegt auf einer Halbinsel. Ursprünglich war die Veste ganz vom Küstenland getrennt. Alexander der Grofse ist es, welcher Insel und Küste durch einen Damm verbunden hat. Während auf der Westseite die Verhältnisse sich dadurch von Grund aus umgestaltet haben, — der Damm erweiterte sich im Laufe der Zeit zum Isthmus —, ist im übrigen der Umfang der Insel ein wesentlich unveränderter geblieben. Tyrus trägt seinen Namen „Fels" mit gutem Grund. In ältester Zeit ist das Felseneiland durch einen natürlichen Kanal geteilt gewesen. Die erste Ansiedelung fand auf dieser Doppelinsel statt. Der kleinere südliche Teil trug im Südwesten das tyrische Nationalheiligtum des Melqart, auf der nördlichen Hauptinsel breitete sich die eigentliche Stadt aus. Hirom verband beide zu einer grofsen Insel. Er gewann aufserdem durch Erdaufschüttung auf der Ostseite der Stadt, welche auf enge Grenzen beschränkt war, einen grofsen Versammlungsplatz, den Eurychorus. Die Lage der Inselstadt war strategisch die denkbar günstigste. Ihre Bedeutung für Handel und Schiffahrt verdankt sie zum grofsen Teil den hervorragenden Hafenanlagen. Im Nordosten der Insel, gegen Sidon zu gelegen, befand sich der sidonische Hafen. Um ihn gruppierten sich die eigentlichen Stadtanlagen. Er gewährte einen trefflichen, von Seefahrern der verschiedensten Zeiten und Völker viel gerühmten Schutz. Durch künstliche Molen noch erweitert bot er für eine grofse Flotte Raum. Noch jetzt gilt er als ein guter Hafen, obwohl durch Versandung sein Umfang sich bedeutend verringert hat. Noch geschützter als der sidonische Hafen lag ein zweiter, der ägyptische. Er befand sich im Südwesten der Insel auf der dem Festlande zugekehrten Seite. Von diesem Hafen ist jede Spur verloren gegangen. Der allmählich anwachsende Damm hat ihn in sich aufgenommen. Nimmt man an, dafs der von Alexander aufgeführte Damm in der Mitte des jetzigen Isthmus verlief[1]), so würde er nördlich vom

1) Socin in *Baedeker's Palaestina und Syrien* p. 325.

ägyptischen Hafen die Insel erreicht haben. — Im Folgenden
sollen die hier gemachten Angaben aus den Quellenberichten
erwiesen werden.

Die Rekonstruktion von Tyrus hat in diesem Jahrhundert verschiedene bedeutende Expeditionen nach Palästina-
Phönizien zu Ausgrabungen und Nachforschungen an Ort und
Stelle veranlafst. Die erste derselben unternahm der franzö-
sische Gelehrte J. DE BERTOU. Auf seinen archäologischen
Funden basieren BOULAIN DE BOSSAY, insbesondere in seinen
Recherches sur Tyr et Palaetyr, sowie KENRICK, *Phoenicia*,
der aber schon betreffs des von BERTOU konstatierten Dammes
(l. c. p. 12 ff.) Bedenken hegt. Die Genannten samt MOVERS,
dem Verfasser des grofsen Werkes *Das phönizische Alterthum*,
sowie RITTER, *Erdkunde* Bd. XVII, p. 332 und PRUTZ, *Aus
Phönizien* p. 217, stimmen darin überein, dafs die kleinere der
beiden ursprünglichen Inseln mit dem Melqarttempel verschwunden sei, weggespült und zerstört durch Fluten und
Erdbeben.

Gegen diese Annahme, welche zu weitgehenden Kombi-
nationen den Anlafs gegeben, wandte sich zuerst auf Grund
eigener Ausgrabungen RENAN in seiner *Mission de Phénice*.
Er geht von der Behauptung aus, dafs abgesehen von der
Verbindung mit der Küste der Umfang der Insel keine wesent-
liche Änderung erfahren habe. So bietet er einen Plan des
alten Tyrus, welcher sich ganz an die bestehenden Verhältnisse
anschliefst.[1]) Ebenso verfährt der englische Forscher RAW-
LINSON in seinem Werk *Phoenicia*, welches der *History of
Phoenicia* desselben Verfassers vorausgeht. Energisch tritt
auch SEPP, *Meerfahrt nach Tyrus*, für diese Auffassung ein,
nach ihm PIETSCHMANN, *Geschichte der Phönizier* in der
Allg. Gesch. hsg. v. W. ONCKEN 159. Abt. und SOCIN.[2])

In der That halten die Gründe, mit denen MOVERS in
scharfsinniger Weise den Untergang der Melqartinsel zu
erweisen sucht, bei näherer Prüfung nicht stand. Es ist schon
an sich höchst unwahrscheinlich, dafs durch Erdbeben und
Wasserwogen eine felsige Insel spurlos verschwindet. Die von

1) l. c. p. 547 ff.   2) l. c. p. 324.

Movers[1]) als Beweis angeführte Stelle Seneca Nat. Quaest. VI, 26: *Tyrus et ipsa tam movetur quam diluitur* spricht gewifs von schweren elementaren Ereignissen, unter denen Tyrus zu leiden hatte und die nicht ohne Einflufs auf die Gestaltung der Insel geblieben sind. Klippen in grofser Anzahl ganz nahe an der Küste weisen darauf hin. Sie erklären aufs beste die Differenz, welche zwischen einer Angabe des Plinius[2]) über den Umfang der Insel und ihren jetzigen Gröfsenverhältnissen besteht. Man hat sodann ein Anzeichen der beginnenden Zerstörung in Bildern tyrischer Münzen mit der Umschrift *Αμβροσεε πετρε*[3]) gesehen. Münzen sind aber schlechte zeitgeschichtliche Zeugen, soweit Bilder in Betracht kommen. Meist sind letztere legendarischen Charakters. Dies wird auch bei den in Frage stehenden Münzen aus dem 3. Jahrhundert der Fall sein; an die Thatsache, dafs die Insel früher getrennt gewesen ist, knüpfen verschiedene tyrische Mythen an. Zudem ist aus späterer Zeit noch die Existenz der Melqartinsel bezeugt.[4])

Versucht man nun auf Grund der Voraussetzung, dafs die Insel in ihren wesentlichen Bestandteilen erhalten geblieben ist, den Standort des Melqarttempels festzustellen, so hat man sich vornehmlich an zwei Berichte zu halten: die Fragmente von Menander und Dius über Hirom I. von Tyrus, welche uns durch Josephus aufbewahrt worden sind: Josephus, Antiqu. Jud. VIII, 5, 3 und Contra Apionem I, 17. 18 [ed. B. Niese]. Der Übersicht halber werden die auf die Bauten Hirom's Bezug nehmenden Stellen hier beigegeben:

Menander	Dius
Οὗτος (Εἴρωμος) ἔχωσε τὸν Εὐρύχωρον τόν τε χρυσοῦν κίονα τὸν ἐν τοῖς τοῦ Διὸς ἀνέθηκεν, ἐπί τε ὕλην ξύλων ἀπελθὼν ἔκοψεν ἀπὸ τοῦ λεγο-	Οὗτος (Εἴρωμος) τὰ πρὸς ἀνατολὰς μέρη τῆς πόλεως προσέχωσεν καὶ μεῖζον τὸ ἄστυ ἐποίησεν καὶ τοῦ Ὀλυμπίου Διὸς τὸ ἱερὸν καθ᾽ ἑαυτὸ ὂν

1) Movers, l. c. II, 1 p. 201. 205, vgl. Ritter, l. c. p. 334.
2) Hist. nat. V, 18.
3) Movers, l. c. p. 206 f., vgl. Ritter, l. c. p. 336.
4) Renan, l. c. p. 551.

μένου Λιβάνου ὄρους κέδρινα
ξύλα εἰς τὰς τῶν ἱερῶν στέ-
γας, καθελών τε τὰ ἀρχαῖα
ἱερὰ καὶ ναοὺς ᾠκοδόμησεν τό
τε τοῦ Ἡρακλέους καὶ τῆς
Ἀστάρτης . . . .

ἐν νήσῳ χώσας τὸν μεταξὺ
τόπον συνῆψε τῇ πόλει καὶ
χρυσοῖς ἀναθήμασιν ἐκόσμη-
σεν, ἀναβὰς δὲ εἰς τὸν Λίβα-
νον ὑλοτόμησεν πρὸς τὴν τῶν
ἱερῶν κατασκευήν.

Ein Vergleich beider läfst es unzweifelhaft erscheinen, dafs sie aus einer gemeinsamen Quelle schöpfen, wobei Dius den älteren Bericht des Menander zum Teil ergänzt oder erläutert. Die Verwandtschaft beider Darstellungen zeigt sich schon in der ganz gleichmäfsigen Anordnung der Mitteilungen.[1]) Sie besprechen die grofsartigen Bauten Hirom's, welche für die Entwickelung und Hebung der Inselstadt von weitgehender Bedeutung geworden sind. Als erstes und gröfstes Werk erwähnen beide Quellen die Aufschüttung des Eurychorus; nach der Erläuterung, welche Dius bietet, betraf es τα προς ἀνατολας μερη της πολεως, also eine Erweiterung der Stadt gegen Osten. Dem Ausdruck προσεχωσε ist zu entnehmen, dafs Hirom über die bisherige Begrenzung der Insel hinausgegangen ist. Die Untersuchungen Bertou's und anderer haben ergeben, dafs in der bezeichneten Gegend sandiges Gebiet an die Stelle des felsigen tritt.[2])

Ein ähnliches Unternehmen Hirom's war die Verbindung der beiden bisher getrennten Inseln. Hieran knüpft sich die Untersuchung über die in den Fragmenten genannten Tempel, speciell über die Lage des Melqarttempels. Menander bezeichnet das eine Heiligtum [nach Dius καθ' ἑαυτο ὂν ἐν νησῳ] als das des Zeus, Dius läfst es dem Dienst des Zeus Olympios geweiht sein. Im weiteren Verlauf berichtet Menander noch, dafs Hirom τα αρχαια ἱερα niedergerissen und einen Tempel des Herakles und der Astarte gebaut habe. Während nun Dius die erste Notiz Menander's ausführlich behandelt, geht er über letztere kurz hinweg. Schon danach erscheint es unwahrscheinlich, dafs unter den αρχαια ἱερα der alte Kultusort

---

1) Der Umstand, dafs Dius den Bericht des Menander teils übergeht, teils erweitert, spricht für die Glaubwürdigkeit seiner Zusätze.
2) Prutz, l. c. p. 217, vgl. Rawlinson, *Phoenicia* p. 42.

zu verstehen sei. Ein Heiligtum, von dem die Insel den Ehrennamen „heilige Insel"[1]) trug, dessen Aera in die älteste Vergangenheit zurückwies[2]), dessen Gott der Begründer und Schutzherr der Stadt selbst war[3]), konnte niemals der Gegenstand so tiefgreifender Veränderung sein.[4]) Menander spricht vielmehr von kleineren Tempeln. Sie verschwinden ganz und gar, und Dius, der von ihrer früheren Beschaffenheit und Bedeutung nichts mehr zu sagen weifs, übergeht darum diese Stelle so kurz. Gegen die Identität des Zeustempels bei Menander mit dem des Melqart hat man angeführt, dafs Dius von einem Tempel des Zeus Olympios spricht. Aber die Beziehung beider Götternamen, Zeus und Zeus Olympios, auf Melqart hat guten Grund in dem mythologischen Sprachgebrauch der Phönizier und insbesondere der Tyrier. Melqart heifst der Gott Baʿal als tyrischer Nationalheros (vgl. p. 7, Anm. 4). In dieser bestimmten Beziehung sahen die Griechen in ihm den Herakles.[5]) Wollte man jedoch von den tyrischen Lokalmythen absehend den Melqarttempel allgemein als Kultusort des Baʿal bezeichnen, so war im Griechischen die Benennung ἱερὸν Διός die nächstliegende. Baʿal ist griechisch durchweg Zeus. Das Phönizische gebraucht aber neben Baʿal auch den Namen Baʿalsamem mit besonderer Beziehung auf Baʿal als den obersten der Götter.[6]) Dieser Gottesname konnte im Griechischen keine entsprechendere Wiedergabe finden als durch

-

1) So in den Sanchun.-Mythen von Usov und Samemrumos.

2) Herod. II, 44.

3) Der tyrische Kultus war vornehmlich Baʿalsdienst. Die ältesten Mythen der Stadt nennen diesen Gott als Gründer derselben. Baʿal war also im besonderen Sinne Schutzgott von Tyrus [wie Astarte aus dem nämlichen Grund Schutzgottheit von Sidon]; er hatte nach der Sage als erster König über dasselbe geherrscht. Sofern die Tyrier in Baʿal ihren Nationalheros erblicken, führt er bei ihnen den Namen Melqart (מלקרת), d. h. Herr der Stadt: Corpus inscriptionum semiticarum (CIS) 122.

4) Die Ansicht Renan's, l. c. p. 155 hat zur Voraussetzung, dafs Hirom den alten Kultus des Melqart verändert und durch den des Baʿal und der Astarte ersetzt habe.

5) Arrian, Anab. II, 16, vgl. Baethgen, Beitr. zur sem. Relig.-Gesch. p. 20.

6) בעלשמם CIS 7. 379. Vgl. Baethgen, l. c. p. 23.

Ζεύς Ὀλύμπιος. RENAN's Einwand, daſs der Kultus des Zeus Olympios erst in der Seleucidenzeit in Tyrus Eingang gefunden haben könne[1]), beachtet nicht die Bedeutung der von Dius gegebenen Relation gegenüber der des Menander. Das „Zeus Olympios" bei Dius kann als nähere Bestimmung für die allgemeinere Bezeichnung des Menander erklärt werden.

Darüber, daſs der Melqarttempel seit uralter Zeit den Mittelpunkt der Insel bildete, mit dessen Kult wohl auch die Stiftung der Stadt in enger Berührung stand[2]), stimmen die sagenhaften und historischen Berichte und Reminiscenzen überein. Herodot berichtet[3]), er sei auf seiner Fahrt (wohl von Ägypten) nach Tyrus gekommen in der Absicht, Erkundigungen über die hier übliche Verehrung des Herakles einzuziehen. Wichtig war ihm weniger die Form des Kultus als das Alter. Herodot reiste zu einer Zeit, wo die Bedeutung von Tyrus auf die Inselstadt beschränkt war. Hätte er ein Heiligtum des Festlandes im Auge — etwa auf dem der Insel gegenüberliegenden Felsen Tell Maschuk —, so wäre das Fehlen einer diesbezüglichen Notiz unverständlich, während im gegenteiligen Falle ein besonderer Hinweis auf die Insel nicht vermiſst wird. Dieses alte Heiligtum war es, das von Hirom's Erneuerungsplänen unberührt blieb. Er begnügt sich mit einem

---

1) Diese Erwägung hat RENAN l. c. veranlaſst, neben dem Tempel des Melqart noch einen des Zeus Olympios anzunehmen. Er verlegte ihn gemäſs den Angaben des Dius in den SW der Insel. RAWLINSON, *History of Phoenicia* p. 428 schlieſst sich an RENAN an.

2) מלקרת heiſst Stadtkönig; קרת war vielleicht ursprüngliche Bezeichnung der Inselstadt im Gegensatz zu dem Inselheiligtum. Zwei tyrische Kolonien, das cyprische [CIS 5 קרתחדשת] und afrikanische Karthago, könnten auf Grund dieses besonderen Umstandes ihren Namen haben.

3) II, 44. SEPP l. c. p. 175 f. verweist das Heiligtum, von welchem Herodot redet, auf das Festland. Die Stiftung eines so alten Kultusortes müsse mit der ursprünglichen Ansiedelung an der Küste zusammenhängen. Nach allem aber, was uns Geschichtsschreiber, wie Justin, Arrian, Josephus und die ägyptischen Inschriften berichten, ist das Verhältnis umzukehren. Überdies besagt der Zusammenhang bei Herodot das Gegenteil.

Beitrag zu seiner Verschönerung.[1]) Ihm widmet Arrian[2]) eine
längere Auseinandersetzung und bezeichnet es als παλαιοτατον
ὧν μνημη ἀνϑρωπινη διασωζεται. Dieser Ruhm höchsten
Alters bleibt ihm trotz zweier Aussagen, bei Justin und Cur-
tius Rufus[3]), unbestritten. Alexander der Große wollte die
Insel betreten, angeblich um dem Herakles hier an der ältesten
Stätte seiner Verehrung zu opfern. Nach Justin und Rufus
begegnen die Tyrier diesem Verlangen mit dem Hinweis, daß
auf dem Festland der ältere Tempel sich befinde. Die Glaubwürdigkeit dieser Mitteilungen ist schon deshalb zweifelhaft,
weil Arriau davon nicht allein schweigt, sondern die oben
citierte Stelle sogar auf das Gegenteil zu deuten scheint. Aber
selbst wenn sie authentisch sind, ist auf ihren Inhalt kein
Gewicht zu legen. Sie geben sich als eine Ausrede der Insel-
tyrier, welche einem Tempel der Küste das höchste Altertum
und die Priorität vor dem eigenen andichteten, um einer
drohenden Gefahr zu entgehen und dem Alexander aus schick-
lichem Grund sein Begehren zu verweigern.

Über die Lage des besprochenen Tempels sind von RENAN
umfassende Nachforschungen angestellt worden. Er weist dem
von Dius als Tempel des Zeus Olympios benannten Heiligtum
den Platz im Südwesten der Insel an in bester Übereinstimmung mit den Quellen.[4]) Denn nach Dius lag es καϑ᾽ ἑαυτο
ὀν ἐν νησῳ, was sich nur auf den Teil der Insel beziehen
kann, welcher durch Hirom mit der Hauptinsel verbunden
wurde. Zu dieser Annahme stimmen auch die Ortsverhältnisse,
welche Arrian gelegentlich der Einnahme der Insel erwähnt.
Alexander unternimmt nach der Ersteigung des Walles den

1) Siehe Menander in dem oben angeführten Fragment bei Jos. c.
Ap. I, 17. 18: τον τε χρυσουν κιονα τον ἐν τοις του Διος ἀνεϑηκεν.
2) Anab. II, 16. ›
3) Justin. XI, 10, 11; Curt. Ruf. IV, 2, 4, vgl. MOVERS, l. c. II,
1, 172.
4) l. c. p. 555 ff. Da RENAN jedoch die Gleichstellung von Zeus
Olympios mit Melqart-Ba'al verneint, so muß er für den Melqarttempel
einen anderen Ort ausfindig machen. Die Gründe für die Anordnung
desselben sind aber ohne geschichtliche Unterlage und widersprechen
Arrian's Angaben.

Angriff von der südlichen Seite aus, weil er hier den günstigsten Punkt für einen Angriff auf die Stadt fand. Die Tyrier werden bis zu dem Agenorium an der Nordwestspitze der Insel verfolgt, während die geteilte Flotte von SO und N her den Angriff unterstützt. Der Melqarttempel bleibt von dem Kampfe gänzlich unberührt. Er lag demgemäfs im SW der Insel. Erst nach Beschreibung des vollständigen Sieges kommt Arrian auch auf ihn zu sprechen.[1]) Hierher hatte sich der König Azemilkos[2]) mit anderen Grofsen geflüchtet und wurde von Alexander begnadigt. Auf dieselbe Lage des Melqarttempels weist auch die Stellung der Schiffe bei dem Fest zu Ehren Melqart's. Überdies fanden RENAN und PRUTZ im Süden der Insel sandiges Gelände, wodurch die Behauptung des Dius [s. o.] eine Bestätigung findet. An Stelle jenes wäre danach vor Ḥirom ein die SW-Ecke von der Hauptinsel abtrennender Kanal gewesen.

Über die Lage und Bedeutung der anderen von Ḥirom erbauten Tempel wissen wir nichts Gewisses. Ob sie vielleicht in Verbindung mit dem Agenorium in Arrian's Anabasis stehen, welches in dem ältesten Teil der Inselstadt sich befand?[3]) Mit gröfserer Wahrscheinlichkeit ist das von Herodot[4]) erwähnte zweite Heraklesheiligtum, welches dem Herakles Thasios geweiht war, mit dem Agenorium identisch, denn Thasos heifst Agenor's Sohn.

Von alters her war Tyrus durch seine Häfen berühmt. Der nördliche sidonische Hafen ist noch jetzt ein herrlicher Bergungsort für die Schiffe. Er unterscheidet sich nur durch den Umfang von dem alten, indem nach RENAN ein nicht unbeträchtlicher Teil der in die Insel sich hineinziehenden Einbuchtung versandet ist.[5]) Der ägyptische Hafen dagegen ist ganz verschwunden. Er existiert nur noch in den Mitteilungen alter Schriftsteller (vgl. MOVERS, l. c. II,

---

1) II, 25 f.   2) עזמלך CIS 371 „מלך ist meine Stärke“.
3) Es waren Tempel des Baʿal und der Baʿaltis oder des Baʿalsamem und der Belisama. Agenor wird nach einer jüngeren Sage an Stelle von Baʿal als Gründer von Tyrus bezeichnet.
4) II, 44.
5) l. c. p. 559.

1, 214 ff.). Die Insel ist mit dem Festland durch einen breiten
Landstrich verbunden. Zu diesem Isthmus hat der Damm
Alexander's den Grund gelegt. Er hat sich stetig erweitert
und dabei die weniger geschützten und weniger grofsartigen
Anlagen des ägyptischen Hafens begraben. In der Nähe des
algierischen Turmes, im Süden der dem Lande zugekehrten
Seite der ursprünglichen Insel, suchte ihn schon RENAN.
PRUTZ[1]) fand dort inmitten sandigen Terrains einen oasen-
gleich fruchtbaren Garten, etwas tiefer gelegen als die Gegend
rings umher. Er vermutet in ihm einen Teil des ägyptischen
Hafens, zumal die Lage des Gartens aufs beste übereinstimmt
mit den Angaben und der Situation in Arrian's Anab. II, 24.[2])
Die beiden Häfen, insbesondere der sidonische, welcher zu
allen Zeiten die Bewunderung der Reisenden erregte, haben
nicht wenig zur Hebung und Blüte der Stadt beigetragen. Sie
begünstigten das Emporkommen des tyrischen Handels- und
Seewesens und gaben der Stadt einen festen strategischen
Rückhalt. Erst in später Zeit ist Tyrus dazu geschritten,
durch künstliche Befestigungswerke seine natürlichen Bollwerke
zu verstärken.[3])

Anhang.

Man ist gewöhnt, Tyrus als Doppelstadt zu bezeichnen und den An-
lagen der Küste gegenüber der Insel eine gröfsere Bedeutung beizumessen.
Hier, wo sich die Ebene nicht unbeträchtlich erweitert, lag nach jüngerer
Geschichtsschreibung Palaetyrus. Nur wenig Spuren altertümlicher
Kultur finden sich aufser den Resten der berühmten und von Jos. Ant.
IX, 14, 2 erwähnten Wasserleitung, die von Ras el Ain im Süden nach
Tell Maschuk, einem Hügel inmitten der Ebene, führt. In diese Gegend
verlegte man die Hauptniederlassung, welcher die Insel als Warenlager

1) p. 211 f.
2) Vgl. RENAN, l. c. p. 566; PRUTZ, l. c. p. 217 f.; PIETSCHMANN, l. c.
p. 64—67 hat in klarer Weise die Untersuchungen über die ursprüngliche Lage des ägyptischen Hafens zusammengefafst und mit dem Arrian. Berichte vereinigt. Auch SOCIN, l. c. p. 325 weist das nämliche
Ergebnis auf, während RAWLINSON, *Phoenicia*, in Übereinstimmung mit
BERTOU den Hafen im Süden gelegen annimmt.
3) Sach. 2, 10.

und Zufluchtsort in späteren Kriegszeiten gedient habe. Aber die für diose Ansicht geltend gemachten Gründe sind von zweifelhaftem Wert, so die tyrischen Lokalmythen über die Entstehung der Küstenschiffahrt, des Weinbaues, der Weizenkultur. Ein gewichtiger Grund gegen jene Annahme ist der Umstand, dafs der Nationalheros von Tyrus seit altersher auf der Insel und nicht auf dem günstig gelegenen Tell Maschuk sein Heiligtum hatte. Der Name Palaetyrus kann seiner Bedeutung nach erst von der Insel auf das Küstenland übertragen worden sein, zudem beruht er anscheinend auf einem Mifsverständnis. Menander berichtet (Jos. Ant. l. c.): ἀπέστη δε Τυριων Σιδων και Αρκη και ἡ παλαι Τυρος; hierauf beruhen alle späteren Erwähnungen von Palaetyrus, παλαια Τυρος, Tyrus vetus, die unter einander in unvereinbarem Widerspruch stehen, verfafst zu einer Zeit, wo die Küstenansiedelung — von deren Existenz man Kunde, aber keine klare Vorstellung hatte — verfallen sein mufste. Bei dem einzigen gewichtigen Zeugnis Menander's verbietet der Artikel, von einem Palaetyrus zu reden, dagegen steht der Fassung Hengstenberg's, *De rebus Tyriorum*, welcher *urbs quae quondam fuit* übersetzt, nichts entgegen. Den historischen Nachrichten entspricht es, dafs die Inselstadt religiöses, politisches und handelspolitisches Centrum war, während die Niederlassung der Küstenebene nur die Bedeutung einer Vorstadt hatte, als notwendiges Bindeglied für den tyrischen Handel nach Osten. Ob schon Papyrus Anastasi I. mit seinen Worten „Stadt im Meere, Tyrus des Hafens ist ihr Name" den Gegensatz einer Küstenniederlassung andeutet, erscheint fraglich; in einer anderen ägyptischen Inschrift konstatiert Ehers das Vorkommen der Doppelstadt (*Sent'ar*), während Krall die Nennung von Tyrus an dieser Stelle bezweifelt (vgl. ZDMG XXX, 460 f.; Krall, *Studien zur Geschichte des alten Aeg.* III in den *Sitzungsber. der kais. Akad. d. Wiss.* 116). Assyrien gegenüber hat sich Tyrus im Interesse seines Handels zuweilen einer Kriegsschatzung unterworfen. Bei einer derartigen Gelegenheit finden wir zum erstenmale Festlandtyrus ausdrücklich erwähnt. Asurnasirpal berichtet: *madatu ša šarrāni ša šiddi tāmdi ša mat Šurrā ...... amhur* „ich empfing Tribut von den Königen der Meeresküste, von Tyrus etc." Die Bestimmung *šiddi tāmdi* „Meeresküste" ist um so bedeutsamer, als die assyrischen Könige es stets mit grofsem Nachdruck hervorheben, wenn sich ihre Macht über das Küstengebiet hinaus erstreckte; so werden tyrische und sidonische Könige durch den Zusatz *ašib kabal tāmdi* „im Meere wohnend" gekennzeichnet. Eine weitere Beziehung auf die Küstenanlagen findet sich Hosea 9, 13, wo von der Insel keine Rede sein kann. Aber von der Zeit Salmanassar-Sanherib's an sinkt Festlandtyrus zur Bedeutungslosigkeit herab. Der Verfall mufs zu Asurbanipal's Zeit ein vollendeter gewesen sein, denn nirgends erwähnt er eine Ansiedelung, obwohl er seine Belagerungsarbeiten an der Küste gegenüber der Insel ausführlich beschreibt. Von dem tyrischen Prinzen, der ihm als Geisel gesandt wird, heifst es, dafs er den Bereich der Insel niemals verlassen habe: *ša matéma tiâmat lâ êbira* (V. R. 2, 58). Auch der Prophet Ezechiel Kap. 26 ff.

kennt kein Festlandtyrus. Die בנות בשדה Kap. 26, 6. 8. sind kein Bild
für eine große Handelsstadt. Schon der Plural weist auf verstreute An-
siedelungen der Küste. [SMEND, *Der Prophet Ezechiel* p. 189 behauptet,
שדה bedeute hier gar nicht das Festland und verweist auf Kap. 21, 2;
Gen. 41, 4. 8. Aber für Tyrus ist das Analogon zu dem שדה העיר jener
Stellen die Küstenebene.] דיק und סללה richten sich gegen die Insel
wie die *ḫalṣê* des Asurbanipal (s. p. 37). Der Zusatz על־מבואת ים
חיושבתי Kap. 27, 3 charakterisiert zutreffend die Inselstadt (מבואת sind
die Zugänge des Meeres zwischen Insel und Küste), die im ganzen Kapitel unter dem Bilde eines herrlich gerüsteten Schiffes dargestellt wird;
wie paßte da am Eingang die Beschreibung einer Doppelstadt.

Nach alledem kann das sogenannte Palaetyrus für die Geschichte
von Tyrus nur in geringem Maße in Betracht kommen.

Geschichte.

Man war von alters her gewohnt, Tyrus gemäfs dem Berichte Justin's (XVIII, 3, 5) als Tochterstadt von Sidon zu
bezeichnen. Gestützt wurde diese Annahme teils durch den
Metropolitenstreit der beiden Städte, wie er sich in den Münzen
des vierten Jahrhunderts darstellt, teils durch den biblischen
Sprachgebrauch, nach welchem צדנים häufig Phönizier bedeutet,
teils auch durch die auffällige Thatsache, dafs in alten biblischen
Berichten[1]) Sidon genannt ist, während man Tyrus vermifst.
Ebenso spricht auch Homer nur von Σιδων. An den hieran
geknüpften Folgerungen zweifelte zuerst MELTZER in seiner
Geschichte der Karthager (p. 20) im Hinblick auf die ägyptischen Quellen. Dieselben geben in der That ein Material
an die Hand, welches die oben angeführte Ansicht umstöfst.
Auf Grund desselben kann man geneigt sein, das Verhältnis
umzukehren.

Am weitesten führt uns in die Vorgeschichte von Tyrus
die Erzählung Herodot's (II, 44) gelegentlich seiner Orientreise.
Dieses unverdächtige Zeugnis einheimischer Tradition versetzt
die Gründung der Stadt in das 28. Jahrh. v. Chr. Ein langer
Zwischenraum trennt diese Zeit von derjenigen, da Tyrus in
geschichtlichen Quellen genannt ist. Sie zeigen uns die Mittel-

---

1) Gen. 10, 15; Ri. 1, 31 vgl. auch Gen. 49, 13. Kleine Schriften
von ALFRED VON GUTSCHMID hg. von RÜHL, II, p. 43 f. [vgl. den Artikel
Phoenicia von GUTSCHMID-SOCIN in der *Encyclopaedia Britannica* XVIII,
p. 801—810.] KNALL, *Studien zur Gesch. des alten Aegyptens* III, l. c.
p. 672 ff. hat dem Verhältnis von Tyrus und Sidon eine ausführliche
Untersuchung mit besonderer Berücksichtigung der ägyptischen Quellen
gewidmet.

meerstaaten in Abhängigkeit von Agypten. Auch Tyrus wird
der Grofsmacht tributpflichtig. Mit Thutmes I. beginnen die
grofsen Unternehmungen Ägyptens nach dem Norden. Die
Heeresstrafsen führten entlang der phönizischen Küste. Schon
zur Zeit Thutmes III. wird Tyrus in direkte Mitleidenschaft
gezogen. Ein Feldherr dieses Königs berichtet über Kämpfe
gegen Tyrus[1]), fünf Jahre später bringt auch Cypern der
Grofsmacht Tribut. Unter Seti I., nach BRUGSCH 1366 v. Chr.,
erscheint Tyrus wiederum in den Siegeslisten. Überhaupt tritt
Tyrus unter den Ramessiden in den Vordergrund an Stelle
der nordphönizischen Staaten, von denen Byblos anscheinend
zu Ägypten hielt, während Berytus eine feindselige Haltung
gegenüber dem Grofsstaate einnahm. Die ägyptische Herrschaft
hinderte aber die freie Entwickelung der abhängigen Staaten
in keiner Weise.[2]) Wichtig für unsere Kenntnis der inneren
Verhältnisse ist besonders der Papyrus Anastasi III., nach
welchem Tyrus schon in der damaligen Zeit von Königen beherrscht wurde. Diese Form der Verfassung war überhaupt
in den palästinensischen Staaten üblich. Weiteres läfst sich
jedoch aus den ägyptischen Berichten nicht folgern.

Sidon wird in allen jenen Quellen nicht erwähnt. Und
doch beweisen die zu Tell el-Amarna gefundenen Dokumente,
dafs es schon damals in die Geschichte Ägyptens verwickelt
gewesen ist.[3]) Vergleicht man diese Thatsache mit den Um-
ständen, unter welchen die sogenannte zweite Gründung von
Tyrus im 13. Jahrh. nach Justin XVIII, 3, 5 erfolgt ist, so
liegt die Vermutung nahe, dafs Sidon in jener Zeit von dem
mächtigeren Tyrus bevormundet wurde oder in seinen Macht-
bezirk eingeschlossen war. Justin's Bericht ist sidonischen

1) BRUGSCH, l. c. p. 270.
2) s. WIEDEMANN in ZDMG 1877 p. 631.
3) WINCKLER-ABEL, *Der Thontafelfund von el Amarna* (Königl. Museen
zu Berlin, *Mitteilungen aus den orientalischen Sammlungen*, Heft I—III).
In den Briefen von Amarna werden die namhaftesten phönizischen Städte
erwähnt. Sidon ist *âl Zi-du-na^ki* geschrieben z. B. Heft III, No. 90, 5.
11; der dem ägyptischen König untergebene Berichterstatter heifst *amêl
ḫa-za-nu* „Präfekt". Die Stellen, an denen Tyrus erwähnt wird, sind
verstümmelt, doch ist die Lesung *âl Sur-ra^ki* sicher.

Ursprungs und partikularistisch gefärbt. Aber den Kern —
die Übersiedelung sidonischer Geschlechter — läfst auch
MELTZER[1]) gelten. Sie hängt gewifs zusammen mit den Be-
wegungen der kleinasiatischen Küstenvölker[2]) zu jener Zeit,
als unter Tiglatpileser I. das assyrische Reich einen so weit-
greifenden Aufschwung zu nehmen begann. Ob darin mit
ein Grund für jene Veränderungen in den westasiatischen
Gebieten zu suchen sei, mufs dahingestellt bleiben. Ebensowenig ist der Beweggrund der sidonischen Einwanderung in
Tyrus klar zu durchschauen. War es Unterstützung der be-
drängten Stadt oder flüchteten die sidonischen Geschlechter
vor äufseren oder inneren Feinden? Zu beiden Erklärungen
stimmt das historische Faktum, dafs Sidon selbst keinen Einflufs über Tyrus gewann. Vielmehr nimmt letzteres fortan
die hervorragendste Stellung in ganz Phönizien ein. Tyrus ist
phönizische Vormacht bis auf die Zeit des neubabylonischen
Reiches.[3])

1) l. c. p. 22. GUTSCHMID, l. c. p. 45 f.   2) l. c. p. 671 ff.

3) Es fragt sich, welche Gestaltung die Fortentwickelung Sidons
angenommen hat. Hier greifen die anfangs erwähnten Gründe, welche
dieser Stadt einen Vorrang vor Tyrus einzuräumen scheinen, proble-
matisch ein. Am leichtesten erklärt sich der Umstand, dafs Homer nur
Sidon nennt und den phönizischen Stamm Σιδόνιοι zu bezeichnen pflegt.
KRALL (l. c. p. 691; dagegen MEYER, l. c. § 283 A.; GUTSCHMID, l. c. p. 43 f.)
hat ausführlich nachgewiesen, in wie naher Beziehung Sidon zu den
Griechen von alters her gestanden hat, während dieses Gebiet aufserhalb
des Gesichtskreises von Tyrus lag. Was das biblische צרנים = Phönizier anlangt (Gen. 10, 15; Ri. 1, 31; Dt. 3, 9; I. Reg. 5, 6; dagegen
gehören nicht hierher Ri. 18, 7. 28), so ist I. Reg. 5, 6 ein bestimmter
Beweis dafür, dafs diese Bezeichnung nicht mit der Frage der Macht-
stellung beider Städte in Verbindung zu bringen ist. Sie kann durch
rein äufserliche Verhältnisse bedingt sein. Vollends unmöglich ist es,
hieraus auf die Abfassungszeit von Gen. 10 zu schliefsen. Die Gründe,
warum die Sidonier als Repräsentanten der Phönizier gelten, müssen
lokaler Natur gewesen sein. Der Metropolitenstreit und die Münzen als
Dokumente desselben haben nur zeitgeschichtliches Interesse. — Für
die Beziehungen der beiden Städte erhalten wir aus den assyrischen
Inschriften trotz ihrer schablonenmäfsigen Darstellungsweise doch einigen
Aufschlufs. Hier ist zunächst beachtenswert und auch von DELITZSCH,
Wo lag das Paradies? p. 284 hervorgehoben, dafs in assyrischen Inschriften Tyrus stets vor Sidon genannt wird. Auffällig ist das beson-

Auf dem Gebiete kolonialer Bewegung macht sich ein
mächtiger Aufschwung bemerkbar. Das Jahr 1101/0 ist nach
übereinstimmenden Zeugnissen das Gründungsjahr von Utika.
Das ganze Küstengebiet des Mittelländischen Meeres bis hinaus
über die Säulen des Herkules trägt tyrische Kolonien, uner-
schöpfliche Schatzkammern für den Reichtum der Mutterstadt.
Die koloniale Thätigkeit erreicht mit der Gründung Karthagos
einen Abschlufs. Tyrus sah sich fernerhin unter dem Drucke
der assyrischen Grofsmacht genötigt, seine Interessen mehr
und mehr auf den eigenen Herd zu konzentrieren. Mögen die
Gründungsberichte von Karthago kritisch betrachtet nur als
Gründungsfabeln erscheinen, die mit mehr oder weniger Ge-
schick in eine Kette geschichtlicher Vorkommnisse eingereiht
sind, so beruhen doch die Berichte des Timäus auf einer solchen
Grundlage, dafs sie einen Anhalt bieten können für die Chronik
der vorhergehenden Zeit.[1]) Das ist um so wichtiger, als eine
andere geschichtliche Notiz bei Josephus, welche die tyrische
Chronologie mit der israelitischen kombiniert, wegen ihrer
inneren Widersprüche unbrauchbar ist. Nimmt man die Bestimmung des Timäus von der Gründung Karthagos als Aus-
gangspunkt für die tyrische Königsliste des Menander bei
Josephus, Ant. VIII, 5, 3 = c. Ap. 1, 18, so ergeben sich
folgende Daten[2]): Hirom 969—936 (Sohn Abibaal's), Baalbazer
935—919, Abdastart 918—910, Methusastart 909—898, Astha-
rymus 897—889, Phelles 888, Ithobaal 887—856, Baalezor
855—850, Mettenos 849—821, Pygmalion 820—774.
Die Lücke, welche zwischen der sogenannten Neugründung
von Tyrus und den hier angeführten Herrschern liegt, bleibt
gänzlich unausgefüllt. Tiglatpileser's I. Zug ins Westland hat

ders in denjenigen Texten, welche nach geographischen Gesichtspunkten
angeordnet sind. Die nämliche Wahrnehmung machen wir auch in den
biblischen Büchern, bis in der Chronik und bei Ezra aus leicht er-
klärlichem Grunde die umgekehrte Reihenfolge eintritt (I. Chr. 23, 4;
Ezra 3, 7).
1) MELTZER, l. c. p. 102 ff. bietet eine ausführliche Untersuchung
über dieselben. GUTSCHMID, l. c. p. 89 ff. Nach Timäus ist das Jahr
der Gründung von Karthago 814/13. Das Fragment bei Josephus (s. o.)
setzt es gleich dem 7. Jahre des Pygmalion.
2) s. NIESE, praefatio zu Jos. c. Ap. p. XII.

die südphönizischen Staaten nicht berührt. Nach III. R. 4 No. 6 (Iuschrift vom Eingang der Quellengrotte in der Nähe von Karkar) ist Tiglatpileser bis ans Mittelländische Meer vorge-drungen: *kâšid ištu tâmtim rabîti adi tâmti ša ᵐᵃ̂ᵗ Nairi* „Er-oberer (des Gebietes) vom grofsen Meer des Westlandes bis zum Meer vom Nairiland", aber das Ziel seines Eroberungs-zuges war Arvad als der Schlüssel zum Mittelländischen Meer (I. R. 28). Eine Inschrift von Ašurbêlkâla, Sohn Tiglatpileser's, erwähnt in unverständlichem Zusammenhang auch das West-land, ᵐᵃ̂ᵗ MAR-TU. Wahrscheinlich ist aber das elamitische MAR-TU gemeint. Die Geschichte schweigt mehrere Jahrhun-derte über die Beziehungen zwischen Phönizien und Mesopo-tamien. Der Sirach 46, 21 angedeutete Kampf Israels gegen Tyrus als Verbündeten der Philister zu Samuel's Zeiten findet in 1. Sam. 7 keine direkte Bestätigung. Es war eine Zeit von aufsen nicht gestörter Entwickelung, dafür spricht die Ge-schichte der tyrischen Dynastie, welche eine gewaltige innere Bewegung zu überwinden hatte. Weit mehr als ein kurz zu-sammengedrängtes Gesamtbild der Zeit von 1000—700 ge-währen auch die tyrischen Annalen, soweit sie auf uns ge-kommen, nicht, abgesehen von der Regierungszeit Ḥirom's.[1])

---

[1]) Der Name Ḥirom wird in den Quellen auf die verschiedenartigste Weise wiedergegeben. Excerpte des Josephus aus tyrischen Urkunden enthalten die Aussprache Εἴρωμος. Neben dieser hesthezeugten Schreib-weise kommen diejenigen anderer griechischer Schriftsteller nicht in Betracht. Dagegen finden sich zwei verschiedene Arten der Vokalisation im A. T. Die Bücher der Könige haben die Punktation חִירוֹם, חִירָם, in der Chronik heifst sowohl der König wie sein Werkmeister חוּרָם. Diese jüngere Schreibung ist aus der ersteren entstanden. Sie ist nur dadurch zu erklären, dafs man die Form des Namens חירם nicht mehr zu deuten vermochte. Dagegen stimmt erstere mit der Wiedergabe hei Josephus sehr gut überein. Auch die authentisch hezeugte phönizische Schreibweise חרם (CIS 5) widerstreht der hehräischen und griechischen Vokalisation nicht. So ergieht sich aus Vereinigung von Εἴρωμος und חירוֹם mit phön. חרם die Aussprache Ḥirom. Sie wird bestätigt durch die assyrische Form desselben Namens Ḥi-ru-um-mu III. R. 9, 51 [vgl. Ṣi-du-un-nu = צִידֹן]. Weder חירוֹם (חִירֹם) noch חוּרָם sind aber, von einem Stamm חרם abgeleitet, grammatisch verständliche Formen. Dem gegenüber kann es nicht gewagt erscheinen, den Namen חירם aus אֲחִירָם (Num. 26, 38) entstanden zu denken. In diesem Falle wäre auch die

Seine mächtige Fürsorge für das Emporkommen der Stadt
und sein freundschaftliches Verhältnis zu Israels Königen lassen
ihn in der Geschichte deutlich hervortreten. Was den ersteren
Punkt anbelangt, so ist darüber gelegentlich der topographi-
schen Beschreibung von Tyrus ausführlich die Rede gewesen.
Gewiſs hängen hiermit die Arbeiten Salomo's in seiner Haupt-
stadt zusammen. Zwanzig Jahre lang bauen phönizische
Künstler unter tyrischer Oberleitung am Tempel und Palast
in Jerusalem.[1]) Freundschaftliche Bande verknüpften Hirom
und Salomo. Es war eine Fortsetzung der guten Beziehungen,
welche schon David und Hirom gepflogen hatten. Beide
Mächte verbinden sich sogar zu gemeinsamen Handelsunter-
nehmungen nach Ophir.[2]) Allerdings machte die Widersetz-
lichkeit Edoms letzterem Beginnen bald ein Ende, mehr Israel
als Tyrus zum Nachteil. Denn seitdem ertönt aus Israel
bittere Anklage und Drohung wider Tyrus, weil es an Edom
die Brüder verkauft.[3]) Welcher Umschwung! Kurz vorher
der enge Bund der Könige, vielleicht sogar verwandtschaft-
liches Verhältnis; so kann man wenigstens נשים צדניות 1. Kö.
11, 1 verstehen, wenn man zum Sprachgebrauch 1. Kö. 5, 6. (20)
vergleicht. Aber diese Politik wird die Regierung Salomo's
nicht überdauert haben. Nach der Spaltung des Reiches Israel
verlor Tyrus das Interesse, welches es bisher an dem mäch-
tigen Nachbarstaate gehabt hatte. Die jüdische Geschichtsschreibung schweigt über das beiderseitige Verhältnis, aber
um so beredter zeugt die angeführte Klage und Drohung des
Propheten Amos zur Zeit Uzia's. Mit diesem Umschwung

---

phönizische Schreibung ohne ⁔ nichts Ungewöhnliches, weil in phönizischen Eigennamen auch sonst das Pronominalsuffix *i* keine graphische
Wiedergabe findet, vgl. CIS 219 und 371 כזמלך == Ozimelek, ibid. 405
אבבעל == Abiba'al. Der Wegfall des א könnte in den folgenden zwei
Gutturalen seinen Grund haben. Überdies stehen der vorgetragenen
Auffassung Analogien in den assyrischen Namen Lûlî == Ἐλουλαιος und
Tuba'lu == Εἰθωβαλος zur Seite (BAETHGEN, l. c. p. 18 Anm. 2). Die Bedeutung des Namens Hirom wäre demnach „mein Bruder ist erhaben",
vgl. CIS 80 בעלרם und 99 רמבעל.

1) 1. Kö. 5—7. 9. 10. 2. Chr. 2—4, vgl. RAWLINSON, *h. of. Ph.* p. 424 ff.
2) MEYER, l. c. § 286.
3) Amos 1, 9 f., vgl. Joel 3, 9 (4, 4).

hängt es zusammen, dafs auch Josephus für die Zeit nach Hirom uns keine näheren Nachrichten aufbewahrt hat.[1]) Die biblische Geschichtsschreibung hatte hieran ebensowenig Interesse wie Josephus. Wir sind vielmehr fast ausschliefslich auf die Mitteilungen der assyrischen Chroniken und Annalen angewiesen. Nur über die inneren Kämpfe in Tyrus verbreitet das Fragment Menander's noch einiges Licht: die Reihe der Nachfolger Hirom's wird gewaltsam unterbrochen. Eine Palastverschwörung echt orientalischen Charakters bringt die Söhne der Amme des Königs Abdastartus auf den Thron. Er wird ermordet. Die Mörder, drei Brüder, übernehmen nach einander die Herrschaft. Aber das Usurpatorenregiment endet ebenso gewaltsam wie es begonnen. Der letzte jener drei Thronräuber, Phelles, war durch Brudermord ans Ruder gelangt. Nur neun Monate konnte er sich der königlichen Herrschaft erfreuen. Aus der Priesterschaft heraus erwuchs der Rächer. Phelles wird von Ithoba'al, dem Priester der Astarte, gestürzt. Mit ihm besteigt wahrscheinlich ein Nachkomme der alten Dynastie den Thron.[2])

Mit dem Aufhören der inneren Wirren konnte Ithoba'al[3]) beginnen, sein Augenmerk nach aufsen zu richten. Zwei Berichte bezeugen die politische Erstarkung von Tyrus. Den einen bietet Josephus, Ant. VIII, 13, 2, ohne bestimmten Zweck, der tyrischen Geschichtsschreibung entnommen: οὖτος ('Ιθωβαλος) πολιν Βοτρυν ἐκτισε την ἐπι Φοινικη και Αὐζαν την ἐν Λιβυη. Wenn Tyrus so schnell zur Neugründung ferner Kolonien schreiten konnte, so ist das ein Zeichen, dafs die inneren Kämpfe nicht auflösend in die äufseren Verhältnisse des Staates eingegriffen hatten. Überdies suchte Ithoba'al Rückhalt an dem zur Zeit erstarkten

---

1) Über Hirom's auswärtige Thätigkeit s. Rawlinson, l. c. p. 433 zu Jos. c. Ap. I, 18, 119.

2) Auch in der Gründungsgeschichte von Karthago ist der Oberpriester ein Verwandter des Königs. Bezeichnend ist die Ausdrucksweise des Menander, welcher den Königs- und Brudermord durch ἀπολλυναι, die Beseitigung des Thronräubers durch ἀναιρειν ausdrückt.

3) Hebr. אֶתְבַּעַל 1. Kö. 16, 31, wohl gleich אֶתְרִיבַּעַל „mit Ba'al". In phönizischen Inschriften ist mir der Name nicht begegnet.

Israel. Er vermählt seine Tochter Izebel[1]) mit dem König Ahab,
und die folgende Geschichte zeigt, wie mächtig dieselbe den
heimatlichen Einfluſs zur Geltung zu bringen verstand. Eben
dieses Zusammengehen der beiden Stauten meint Amos, wenn
er Kap. 1, 9 von einem אחים ברית spricht. Die Annäherung
des Ithoba'al an Israel war eine umsichtige Maſsregel. Denn
schon mehrten sich die Anzeichen, daſs die schlummernde
Macht Assyriens zu erwachen begann. Ein gewaltiger Eroberer
war in Asurnaṣirpal erstanden. Zugleich mit seiner Regierung beginnt er die kriegerische Thätigkeit. Unermüdlich erweitert er sein Machtgebiet, bis er, noch vor dem Jahre 867
v. Chr., an das Mittelmeer vorgedrungen ist. Tyrus bildet
fortan das natürliche Ziel der assyrischen Unternehmungen
gegen den Westen, indem diese nur durch den Besitz der Küste
zu einem gedeihlichen Abschluſs kommen konnten. Über dieses
Unternehmen berichtet I. R. 25, 84 ff.:

*Ina úmêsúma šiddi Labnána lû aṣbat ana tâmdi rabíti ša
mát aharrê lû êli ina tâmdi rabíti kakkê'a lû ulil nikê ana iláni
lû aṣbî²) madatu ša šarráni ša šiddi tâmdi ša Ṣurrâ Ṣidúnà
Gubalâ Mahalatá Maïzâ Kaïzâ aharrâ u Armad ša ḳabal
tâmdi kaspê hurâṣê anakê siparrê ummár siparri lubulti birmê
kitâni pagútu rabítu pagútu ṣihirtu ušê ur(?)karinnê šinnê na-
hiri³) binút tâmdi⁴) madatašunu amhur:* „Zu der Zeit erreichte
ich die Abhänge des Libanon. Ich zog hinauf zum groſsen
Meer des Westlandes, reinigte meine Waffen im groſsen Meer
und opferte den Göttern. Den Tribut der Könige der Meeresküste, von Tyrus, Sidon, Byblos, Mahallat, Maïz und Kaïz
im Westland, sowie von Arvad, der Inselstadt: Silber, Gold,

---

1) Die Deutung des Namens Izebel als „die Keusche" scheitert an
der Zusammensetzung בעלאזבל CIS 157.

2) vgl. J. Jeremias in den *Beiträgen zur Assyriologie und vergleichen-
den semitischen Sprachwissenschaft* 1, 1, p. 285.

3) Hommel, l. c., vermutet eine Hippopotamus-Art. Der Stamm ist
נחר schnaufen. Merkmal des Tieres sind wertvolle Zähne. Dazu paſst
Hommel's Erklärung nicht. Für *pagútu* denkt Hommel, ib. p. 582 an die
Bedeutung „Schildkröte".

4) s. 1. Kö. 5, 10.

Blei, Kupfer, kupferne Gefäfse, farbige Gewänder, Linnen, eine grofse und kleine *payûtu*, Uŝu- und Urkarinnu-Hölzer, Zähne des *naḥiru*, eines Meergeschöpfes, nahm ich als Tribut von ihnen entgegen." Mit diesen Mitteilungen bricht die ausführliche Chronik des Monolith ab. Asurnaṣirpal hatte in jenen 6 Jahren festen Grund gelegt und Bahn gebrochen für seine Nachfolger. Er hatte das vorläufige Ziel seiner Bestrebungen erreicht und bezeichnet dies durch einen weihevollen Akt, den er am Meeresgestade vollzieht[1]), daselbst auch eine Gedenktafel: *asumêtu*[2]) aufstellend. Er empfängt Tribut von Tyrus, Sidon, Byblos, Maḥallat, Maïz, Kaïz und Arvad. Tyrus steht als phönizische Vormacht allen anderen Staaten voran. Das nördliche Arvad erscheint ganz gesondert. Unter Maḥallat, Maïz und Kaïz vermutet DELITZSCH das altphönizische Tripolis, was schon der Lage nach — die Städte sind in geographischer Ordnung von Süden nach Norden aufgezeichnet — grofse Wahrscheinlichkeit für sich hat.[3]) Noch mehr gewinnt diese angesichts des folgenden *mât aḥarrâ*. Man kann darunter keinesfalls eine besondere Bezeichnung des Gebietes zwischen Maïz und Arvad verstehen. Vielmehr mufs es eine Zusammenfassung der vorhergenannten Städte unter einem Gesamtnamen darstellen zur Abgrenzung von dem ganz selbständig nebenhergestellten Arvad. Vielleicht waren Tyrus, Sidon und Byblos beim Anzug Asurnaṣirpal's schon verbunden. In diesem Falle mufste die Bundesdreistadt trotz ihrer sonstigen geringen Bedeutung besonders hervortreten. So wäre es auch erklärlich, das Maḥallat, Maïz und Kaïz nur hier erwähnt sind, denn in allen andern Fällen, wo man ein gemeinsames Vorgehen der drei Städte annehmen kann, hat sich Tyrus nicht mit den beiden Bundesgenossen zugleich unterworfen. Übrigens scheint Asurnaṣirpal, was auch zu der obigen Auffassung stimmt, nur an die Grenze Phöniziens gekommen zu sein, wo man ihm freiwillige Gaben darbrachte, um einem

---

1) Vgl. HAUPT, *Das babylonische Nimrodepos* I, p. 42 und A. JEREMIAS, *Izdubar-Nimrod* p. 23 f.

2) Stamm סמן; vgl. II. R. 40, No. 3, 49ᶜᵈ: *na-ru-u* = *a-su-mit-[tum]*.

3) DELITZSCH, *Paradies*, p. 283.

Einfall zu entgehen. Von einer Herrschaft Asurnaṣirpal's über
das Westland kann keine Rede sein. Befriedigt kehrt er mit
dem empfangenen Tribut der reichen Handelsstädte in sein
Land zurück. Seinen Nachfolgern blieb die Aufgabe, die Macht
des assyrischen Reiches bis zur Herrschaft über das Mittel-
meergestade auszudehnen. Und dieses Vorhaben hat die assyrischen Könige bis in die letzte Zeit ihrer Herrschaft fast
ununterbrochen beschäftigt.

Dem Nachfolger Asurnaṣirpal's, Salmanassar II., lag es
zunächst ob, gegen einen grofsen Bund zu kämpfen, welcher sich
in richtiger Beurteilung der von Osten drohenden Gefahr zu-
sammengeschlossen hatte.[1]) An der Spitze desselben standen
Hamath, Damaskus und Israel. Nicht weniger als sechsmal
zieht Salmanassar gegen sie zu Felde. Auf dem fünften Zuge
wird Hazaël von Damaskus nach einer unglücklichen Schlacht
in seiner Residenz eingeschlossen. Plündernd zieht das assyrische Heer bis zum Vorgebirge Ba'alira's.[2]) Hier errichtet
Salmanassar sein Königsbild. Man ist genötigt, dieses Gebirge
in der Nähe von Tyrus und Sidon zu suchen. Beide Städte
hatten sich dem Bunde gegen Salmanassar nicht angeschlossen.
Jetzt, wo der assyrische König, wenn auch nicht mit voller
Kraft — von Damaskus hatte er unverrichteter Sache abziehen
müssen — so doch ohne Feind im Rücken, in ihre Nähe kommt,
halten sie es für geraten, eine Entscheidung nicht heraus-
zufordern. Salmanassar kann am Schlusse seines Berichts über
die Kämpfe des 18. Regierungsjahres, d. i. 842 v. Chr., die
Entgegennahme des Tributes von Tyrus und Sidon konsta-
tieren. In allen derartigen Fällen handelt es sich um eine
einmalige Abgabe zu dem Zwecke, einem gewaltsamen Angriffe
vorzubeugen. Derselbe Vorgang wiederholt sich im Jahre 839
v. Chr. Die erstere Tributleistung ist III. R. 5, 60 ff. verzeichnet[3]): *Adi šadê šad Ba'[a]lira'si ša rêš tâmdi alik ṣalam
šarrûti'a ina libbi aškup ina ûmêšûma madatu ša Ṣurrâ Ṣidûnâ
ša Ja'ûa apil Ḫumri amḫur:* „Bis zu den Bergen des Vor-

---

1) Tiele, l. c. p. 189 ff., Meyer, l. c. § 323 ff. und besonders Mürdter-
Delitzsch, *Geschichte Babyloniens und Assyriens*² p. 168 ff.
2) Delitzsch, *Paradies*, p. 104.   3) Vgl. TSBA Bd. VII, p. 91.

gebirges Ba'lira's gelangte ich und stellte mein Königsbild daselbst auf. Damals nahm ich den Tribut von Tyrus, Sidon und von Jehu aus der Dynastie Omri entgegen." Das zweite Mal (21. Regierungsjahr) ist auch Byblos unter den Tributären.[1]) Zu dieser Zeit war Mattan[2]) König von Tyrus. Wir wissen Näheres über seine Regierung nicht. Vielleicht waren es blofs handelspolitische Interessen, welche ihn bewogen, auch den Angriff eines geschwächten Heeres zu vermeiden. Jedenfalls konnte die Hinausschiebung einer unumgänglichen Entscheidung für Tyrus von grofser Bedeutung sein. Salmanassar hat das phönizische Gebiet nicht betreten. Empörung im Innern des assyrischen Reiches und Bruderkrieg hinderten zunächst an erneutem Vordringen. Aber schon Salmanassar's Enkel, Rammannirari III., kann das Werk seiner Vorgänger fortsetzen.

Von ihm besitzen wir nur Inschriften geringeren Umfangs, deren eine sein Machtgebiet also begrenzt[3]): *Istu tâmtim rabiti ša napâl̮i Šamši adi tâmtim rabiti ša šalâmu Šamši ḳâsu ikšud* „vom grofsen Meer des Sonnenaufgangs bis zum grofsen Meer des Sonnenuntergangs eroberte seine Hand." Genauere Angaben vermittelt uns eine Steinplatteninschrift, welche I. R. 35, No. 1 mitgeteilt ist: *mât Ḫatti mât aḫarrê ana siḫirtiša Ṣurru Ṣidânu Ḫumrî Udûmu Palastu .... ušiknis biltu madatu elišunu ukin:* „das Land Ḫatti, das Westland nach seinem Gesamtumfang: Tyrus, Sidon, Omri (d. i. das Land der Dynastie Omri), Edom, Philistäa .... unterwarf ich, Abgabe und Tribut legte ich ihnen auf". Demnach kämpfte Rammannirari III. mit gröfserem Erfolg als sein Grofsvater, denn auch Damaskus mufste sich ihm unterwerfen. Er spricht von einer Unterwerfung von Tyrus und Sidon. Ist der Bericht, was

---

1) S. *Keilinschriftliche Bibliothek* (KB) I, p. 142 f.

2) Die Lesung Mattan entspricht der griechischen Wiedergabe bei Josephus durch Μεττηνος. Sie ist auch durch das A. T. bezeugt: 2. Kö. 11, 18 parall. 2. Chr. 23, 17, wo ein מַתָּן כֹּהֵן הַבַּעַל genannt ist. Mattan bedeutet Gabe ganz wie das assyrische *madatu.* Die phönizische Schreibung des Namens findet sich CIS 7 מתן, vgl. die ähnlichen Namen מתנאל ib. 406 und מתנבעל ib. 406. 216. 303. 362.

3) Delitzsch, AL[3] p. 99, Z. 5 ff.

26

wahrscheinlich ist, nach historischem Gesichtspunkt angeordnet, so befolgte Rammannirari einen anderen Kriegsplan als Salmanassar. Er sicherte sich erst das Westland, ehe er gegen Damaskus, den hartnäckigsten Anhänger des antiassyrischen Bundes, sich wandte. So dringt er mit seinem Heere bis Tyrus und Sidon vor und fordert das Zeichen der Unterwerfung, was sie seinen Vorgängern freiwillig dargebracht hatten. Der Eponymenkanon[1]) giebt für diesen Kriegszug das Jahr 803 an. Er hat zwar als Beischrift nur die allgemeine Notiz *ana eli tâmti*, aber sie entspricht dem Sachverhalt, insofern Rammannirari zuerst das phönizische Küstenland heimsuchte. Das für Tyrus wichtige Ereignis fällt noch in die Zeit Pygmalion's. Es liegt schon aufserhalb der Chronologie des Menander'schen Fragments, welches mit dem siebenten Jahre dieses Königs schliefst. Die assyrische Geschichte giebt demselben wohl einigen Inhalt, aber sie gewährt für die von Timäus abhängig gemachte Chronologie keine Kontrolle. Denn nirgends wird in diesen Zinslisten der Name eines tyrischen Königs genannt, was besonders bei Salmanassar II. schwer zu vermissen ist. Auffällig ist das Fehlen von Byblos in den Tributlisten Rammannirari's. Seine Nachfolger erwähnen nur noch Tyrus, Byblos [und Arvad]. Man könnte danach Tyrus und Byblos als Centralisationspunkte der phönizischen Macht ansehen und den zur Zeit Salmanassar-Sanherib's bestehenden Zusammenhang der südphönizischen Staaten (s. u.) bis in diese Zeit zurückdatieren. Die direkte Abhängigkeit Sidons von Tyrus hört erst mit der Einsetzung des Tuba'lu durch Sanherib als Vasallenkönig von Sidon auf. Unter seinem abtrünnigen Nachfolger Abdimilkûti wird Sidon zerstört und zur assyrischen Kolonie *Kar-Asurahiddina* „Asarhaddonsveste" umgewandelt. Es verschwindet eine Zeit lang vom Schauplatz der Geschichte. Asurbanipal erwähnt es nicht. Ezech. Kap. 27, 8 läfst auf ein erneutes Abhängigkeitsverhältnis zu Tyrus schliefsen. Kap. 28 erscheint es als Repräsentant Phöniziens, welches längst unterworfen war, als Tyrus den Chaldäern noch Widerstand leistete, vgl. SMEND, l. c. p. 225. Erst in der Zeit des

---
1) DELITZSCH, AL² p. 92 Z. 15.

neubabylonischen Reiches gelangte Sidon wieder zu selbständiger Bedeutung. Unter den Nachfolgern Rammannirari's ist wieder ein allmählicher Rückgang der assyrischen Herrschaft zu bemerken. Schwere Kämpfe im Osten hemmten den Fortschritt. Der Eponymenkanon giebt davon Zeugnis. Erst in seinen letzten Jahren 775 und 773 kann Salmanassar III. daran denken, auch den Westen wieder in Abhängigkeit zu bringen, doch mit zweifelhaftem Erfolg. In der folgenden Zeit wird nur noch Hadrach, später Arpad erwähnt. Ein Aufruhr beendet diesen wenig rühmlichen Abschnitt der assyrischen Geschichte und führt einen Usurpator, Tiglatpileser III., auf den Thron. Ein halbes Jahrhundert hatte Phönizien Zeit gehabt, ungestört Kräfte zu sammeln und zu rüsten. Tiglatpileser schritt ungesäumt dazu, diese Errungenschaften zu vernichten und das selbständig gewordene Phönizien unter seine Gewalt zu beugen. Schon zwei Jahre nach seiner Thronbesteigung befindet er sich auf dem Wege gegen Arpad, welches erst nach schweren Kämpfen im Jahre 740 endgiltig in seine Hände fällt.[1]) Erschrocken über den Sturz dieser Schutzwehr senden verschiedene Könige der westlichen Länder, darunter Rezin von Damaskus und Hirom II. von Tyrus, Gesandte mit Geschenken und Abgaben nach Arpad vor Tiglatpileser.[2]) Aber dieser gab sich damit nicht zufrieden. Ein zweijähriger Kampf gegen die syrischen Staaten folgt dem Falle Arpads. Mit der Besiegung Azarja's von Juda — nach den lückenhaften Annalen III. R. 9 — ist der Hauptwiderstand gebrochen. Von allen Seiten wird die Obmacht Tiglatpileser's anerkannt. Auch Hirom II. erscheint neben Menahem von Israel auf der Tributliste III. R. 9, 51 f.[3]) Mit diesem Erfolge zufrieden wendet sich Tiglatpileser anderen Aufgaben zu. Erst im Jahre 734 kann er wieder daran denken, die hier begründete Herrschaft zu befestigen. In Tyrus hatte sich inzwischen ein Regierungswechsel vollzogen. Zwischen 738 und 734 ist Mattan II. König von

1) DELITZSCH, AL² p. 94, Z. 27—30.
2) G. SMITH, *Assyrian Discoveries* p. 274, Z. 13 f.
3) MÜRDTER-DELITZSCH², l. c. p. 178.

Tyrus geworden. Unter ihm bereitet sich eine bedeutsame
Wendung in der Politik der tyrischen Herrscher vor. Es beginnt die Zeit, wo die Stadt einerseits noch im Bunde mit
den Gegnern Assyriens erscheint, andererseits aber sich mächtig
genug fühlt, auch selbständig der Grofsmacht zu begegnen.
Mattan II. leitet die glänzendste und ruhmreichste Epoche des
tyrischen Staates ein. Das Ziel der assyrischen Kriegszüge
nach Westen ist fortan speziell Tyrus als die eine Stadt,
welche das ganze Mittelmeer beherrscht. Hierin lag aber auch
der Keim zu ihrem Untergang. Die unermüdlich anstürmende
Grofsmacht fand Bundesgenossen in den mifsgünstigen und
erfolglos mit Tyrus rivalisierenden Bruderstaaten. Mattan hat
beides herausgefordert. Er verweigerte Assyrien den Tribut,
er beherrschte grofser Wahrscheinlichkeit nach Sidon und die
umliegenden Kleinstaaten (s. o.). Sein Vorgehen zeugt aber
von grofsem Scharfblick. Er mufste das einzige Heil für seine
Herrschaft in selbständigem Handeln erblicken. Denn wie
zerrissen die politischen Verhältnisse von Palästina-Syrien
waren, wie unzuverlässig daher die Hoffnung auf gemeinsamen
Widerstand gegen die alle in gleicher Weise bedrohende Gefahr, das zeigt die Geschichte der Zeit nach Tiglatpileser's
Abzug.[1]) Syrien, Israel und Juda erneuern die alte Feindschaft
und berauben sich der noch übrigen Kraft. Sie getrösten sich
thörichter Weise der Hilfe Agyptens, welches selbst innerlich
zerrüttet war. Unter solchen Verhältnissen kommt Tiglatpileser 734 nochmals nach dem Westen. Er fand wenig Widerstand; Phönizien-Palästina, Ammon, Moab, Edom erscheinen
auf der Tributliste dieses Jahres II. R. 67. Zwei Jahre später
ist auch Damaskus gefallen. Tyrus allein hat sich die Un-
abhängigkeit gewahrt. Ein eigenes Heer unter dem Befehl
eines Oberfeldherrn wird gegen die Stadt gesandt, da fügt
sich auch Mattan den Forderungen und bringt seine Abgaben
II. R. 67, 66 f.: *amêl rabšakê ana Surri ašpur ša Métena Surrâ
CL bilat ḫurâṣi . . . . [amḫur]*: „Ich sandte meinen Oberfeldherrn gegen Tyrus und [empfing] von Metena von Tyrus
150 Talente Gold . . . .‟ Die Inschrift bietet keinen direkten

1) Vgl. Meyer, l. c. § 369.

Anhalt für die Zeitbestimmung. Man kann aber annehmen, dafs das Ereignis in das Ende der Regierung Tiglatpileser's 728 oder 727 fällt; im Epónymenkanon ist hier die Beischrift abgebrochen. Dafs von Damaskus aus durch einen Teil des Heeres jener Erfolg erwirkt worden sei, ist nicht denkbar. Gegen eine derartige Annahme spricht auch die gesonderte Stellung des Berichts. Am nächsten liegt es, die Expedition gegen Tabal in das Jahr 728 zu verlegen und ihr die Tributleistung von Tyrus folgen zu lassen. Die Prunkinschrift II. R. 67 müfste hiernach kurz vor dem Tode Tiglatpileser's verfafst sein. Dagegen spricht an sich nichts, da sie die Ereignisse von 731 noch erwähnt und wohl auch die friedliche Thätigkeit des Königs *ina mâti* „im Lande" 730.[1)

Salmanassar IV., den Nachfolger Tiglatpileser's III., bezeichnet Josephus als denjenigen, welcher zuerst eine Belagerung der Inselstadt in Angriff genommen hat. Er bezieht auf ihn ein Fragment aus Menander's Geschichtsschreibung über die fünfjährige Belagerung von Tyrus.[2)] Die assyrischen Annalen lassen uns für diese Zeit gänzlich im Stich. Wir sind, abgesehen von den Notizen des Eponymenkanons und der babylonischen Chronik, ganz auf Berichte anderer Völker beschränkt. Nach diesen aber mufs es fraglich erscheinen, ob Josephus das Fragment mit Recht auf Salmanassar bezogen hat. Zweierlei unterstützt schon äufserlich diesen Verdacht. Zuerst die unsichere Art und Weise, wie Josephus das betreffende Fragment seinem Werke einfügt. Er nennt den assyrischen König nicht, sondern bemerkt statt dessen allgemein: der Name desselben sei in den tyrischen Annalen verzeichnet. Diese auffällig ausweichende Bemerkung macht die Ergänzung der im griechischen Text erhaltenen Buchstaben zu Σελάμψας = Salmanassar fragwürdig [LXX hat Σαλμανασσάρ, Josephus Σαλμανασάρης]. Bemerkenswert ist auch die unverständlich unlogische Anknüpfung des Satzes, welcher den Namen Ἐλουλαιος enthält: ἐστρατευσε γαρ. Hierzu kommen noch verschiedene innere Gründe. Selbst wenn Salmanassar

1) DELITZSCH, AL² p. 94, Z. 40.
2) Jos. Ant. IX, 14, 2.

wirklich die Belagerung unternommen hat, so kann er sie doch keinesfalls zu Ende geführt haben. Man müfste vielmehr den Anfang derselben in das Jahr 725 verlegen.[1]) Sargon würde sie dann auf seinem Zuge gegen das Westland 720 zu Ende geführt haben. Dagegen erhebt sich schon das allgemeine Bedenken, dafs Salmanassar kaum neben der Belagerung von Samaria, die seine Kraft voll in Anspruch nahm, auch noch Tyrus umschliefsen konnte. Die biblischen Berichte schweigen hierüber vollständig. Sodann erwähnt das Fragment von einem Regierungswechsel innerhalb der fünf Jahre der Belagerung nichts. Letzteres würde gewifs nicht entscheiden, falls die Geschichte Sargon's, über welche uns reiche und ausführliche Quellen vorliegen, bestimmt darauf wiese, dafs er Tyrus belagert habe. Man hat das wahrscheinlich zu machen versucht aus einer Bemerkung des Cylinders I. R. 36, welcher ohne chronologische Anordnung einen Überblick über Sargon's kriegerische Erfolge giebt. Hier wird Z. 21 berichtet[2]): *lê' tamḫari ša ina ḳabal tâmtim Jamnâ sandâniš kîma nûni ibârima ušapšiḫu Ḳuë u Ṣurri:* „der Kampfesstarke, der die Jonier aus der Mitte des Meeres . . . . . gleich Fischen herausfing und Ḳuë und Tyrus zur Ruhe brachte".

Diese Notiz wird zumeist mit dem grofsen Unternehmen Sargon's gegen das Westland, speziell Hanno von Asdod und Sabako von Ägypten, in Verbindung gebracht. Aber sie steht von diesem Zuge gesondert da und hat auch inhaltlich mit demselben keine Verbindung. Man kann die Worte so deuten, dafs von der Unterwerfung der Jamnaeer d. i. der westkleinasiatischen Jonier[3]) auch Ḳuë und Tyrus Nutzen zogen.[4]) Die

---

1) TIELE, l. c. p. 237; MÜRDTER-DELITZSCH[2], l. c. p. 184. Für die Zeit Salmanassar's ist auf Grund der Textedition NIESE's von Jos. Ant. aufs neue ED. SCHRADER eingetreten: *Zur Geographie des tyrischen Reichs* in den *Sitzungsber. der Kgl. Preufs. Akademie der W. zu Berlin* vom 27. März 1890.

2) Vgl. auch WINCKLER, *Die Keilschrifttexte Sargons*, Annalen des saales XIV Z. 15, p. 82 f.

3) DELITZSCH, *Paradies*, p. 248 f.

4) Vgl. *puššuḫu* Besänftigung, *tapšaḫu* Ruheort und die Verbindung *ana mûtum pašḫi* IV. R. 66, No. 2, 43 [= IV. R[2]. 59, No. 2, Rev. 9].

seeräuberischen Küstenbewohner schädigten den Handel emfindlich. WINCKLER[1]) bezieht das *māt Jaman* auf Cypern und erinnert an die Tributleistung sieben cyprischer Könige aus dem Jahre 709, einen Zusammenhang dieses Ereignisses mit dem obigen vermutend. Ein solcher ist sehr wahrscheinlich, auch wenn man nicht mit WINCKLER *māt Jaman* mit *māt Jatnâna* = Cypern identificiert. Die cyprischen Könige waren nicht gewaltsam unterworfen, sondern brachten dem assyrischen Herrscher als dem Befreier von den Piraten freiwillig Abgaben. Indem sie aber das Verhältnis zu Assyrien an Stelle der alten Abhängigkeit von Tyrus setzen wollten, schufen sie sich einen neuen Feind. Tyrus benutzt eine günstige Gelegenheit, und es gelingt unschwer, den Abfall rückgängig zu machen. Der Menander'sche Bericht beginnt mit der Schilderung der eben dargestellten Verhältnisse und stimmt aufs beste zu dem, was uns aus der Regierungszeit Sanherib's überliefert ist.

Schon G. SMITH, mit ihm ED. MEYER und HOMMEL[2]) verlegen die Belagerung der Insel unter Sanherib aus dem zuletzt erwähnten Grunde, allerdings noch ohne Kenntnis der Konjektur Σελαμψας. Die Erwähnung des Königs Eluläus[3])

---

1) l. c. p. XL, vgl. SCHRADER, KAT p. 258.
2) G. SMITH, *History of Sennacherib* p. 69; MEYER, l. c. § 357. 383; HOMMEL, l. c. p. 676.
3) Den nämlichen Namen ’Ελουλαιος führt Salmanassar im ptolemäischen Kanon und in der babylonischen Königsliste [’Πουλαιος resp. *Ulûlâ’a*] vgl. SCHRADER KB II. p. 290. Er bedeutet „der im Monat Elul, bab. *Ulûlu*, Geborene“. Sein Vorkommen bei den Phöniziern ist ein Beweis, dafs dieses Volk schon damals (um 700) die babylonischen Monatsnamen im Gebrauch hatte, während die Israeliten sie erst im Exil sich aneigneten. PIETSCHMANN, l. c. p. 300 sieht zwar in dem Namen des Königs nur „den Einfluss der politischen Stellung Assyriens“, aber das widerspricht ganz und gar der assurfeindlichen Stellung von Tyrus. Auch müfste man in diesem Falle annehmen, dafs Πνας der ursprüngliche Name des ’Ελουλαιος gewesen sei, das Menander'sche Fragment besagt aber das Gegenteil: ’Ελουλαιος Θεμενων αυτω ονομα Πνας. Die Abkürzung des Namens ’Ελουλαιος in assyr. Lûlî, wie auch die seines sidonischen Nachfolgers אתבעל in Tuba‘lu, ist bei der Sorgfalt, mit welcher alle phönizischen Eigennamen in den assyrischen Inschriften wiedergegeben werden, nur aus der landläufigen Aussprache derselben

von Tyrus setzt dem keine Schwierigkeit entgegen; seine
36jährige Regierung mufs die Zeit mit umschliefsen, zu welcher
Sanherib den Westen mit Krieg überzog. 728, nach anderen
Annahmen 732, regiert noch Mattan II. 676 nennt Asarhaddon Ba'al als König von Tyrus. In die Zwischenzeit fallen
demnach die 36 Jahre des Eluläus, sie endigen frühestens
697 resp. 693. Die Identität des assyrischen *Lûli* mit Eluläus ist zweifellos. Er führte die von Mattan II. inaugurierte
Politik fort. Es ist fraglich, ob er sich schon früher an
Bündnissen gegen Assur beteiligt hat. Den Anlafs zur Feind-
seligkeit bot der Abfall cyprischer Könige. Menander bringt
offenbar hiermit den assyrischen Feldzug gegen Tyrus in Verbindung. Im Jahre 700 befindet sich Sanherib auf dem Wege,
um seine Herrschaft über das Westland zu festigen. Die
Energie, welche er gegen Tyrus zeigte, ist ein Beweis seines
planvollen Vorgehens. Auch Sanherib hat es wiederum mit
einer grofsen Koalition zu thun. An der Spitze derselben
stand Hizkia in festem Vertrauen auf die Hilfe Ägyptens.
Eluläus schlofs sich dem Bund mit einem grofsen Teil des
von ihm beherrschten Phöniziens an. Vermittelst der von
WINCKLER veröffentlichten *babylonischen Chronik*[1]) läfst sich
dieser Feldzug genau datieren. Danach fällt der erste Feldzug
Sanherib's, in welchem Ḫirimma zerstört wird, in das Jahr 702,
der vierte gegen Babylon 699. Der Zug Sanherib's ins Westland wird als dritter genannt, ist also im Jahre 700 erfolgt.

Alle ausführlichen Berichte der assyrischen Inschriften
erwecken den Anschein, als ob die Unternehmungen Sanherib's
in Phönizien vornehmlich gegen Sidon gerichtet seien. So die
Prismainschrift Col. II, 34 ff.: *Ina šalši girri'a ana* ᵐᵃᵗ *Ḫatti
lû allik Lûli šar Ṣidûni pulḫi mêlammê bêlûti'a ishupušûma ana
rûki kabal tâmtim innabitma mâtašu êmed Ṣidûnu rabû Ṣidûnu
ṣihru Bîtziti Ṣariptu Maḫalliba Ušû Akzibi Akkû âlânišu dan-
nûti bît dûrâni ašar rêti u maškîti bît tuklâtišu rašubbat kakki
Ašûr bêli'a ishupušunûtima iknušû šêpû'a Tuba'lu ina kussê*

---

zu erklären. Eine interessante Analogie bildet die Glosse ἐπι ϑωβαλου
bei NIESE, l. c. p. 29, Note 16.
1) ZA II, p. 148 ff. 2) Nach DELITZSCH, AL³ p. 114.

sarrûti elišun ušêšib: „Auf meinem dritten Feldzug zog ich
nach dem Ḫattilaud. Den König Luli von Sidon warf die
Furcht vor dem Glanze meiner Herrschaft nieder, er floh fern-
weg ins Meer. Sein Land unterwarf ich. Grofssidon und
Kleinsidon, Bêtzîti, Sarepta, Machalliba, Ušu, Ekdippa, Akko,
seine ummauerten festen Städte, seine Proviantorte, die Gar-
nisonplätze bezwangen Asur's gewaltige Waffen, sie beugten
sich vor mir. Den Tuba'lu setzte ich auf den Herrscherthron
über sie."
Luli wird in Sanherib's Inschrift König von Sidon genannt, das ganze Gebiet von Sidon bis Akko und Ušu als
sidonisches bezeichnet. Tuba'lu tritt als assyrischer Vasall
an Luli's Stelle. Diese Darstellung hat ihren Grund in. der
Thatsache, dafs Tyrus dem assyrischen Angriff nicht unter-
legen war. Eine inschriftliche Notiz[1]) läfst uns auch abgesehen von dem Bericht Menander's den richtigen Sachverhalt
erkennen. Sie beschreibt die Flucht des Königs mit den Worten:
ultu kirib ⁰ˡ Ṣurri [III. R. 12 steht anstatt dessen *mât aḫarrê*]
ana ᵐᵃˡ (J)atnâna ša ḳabal tâmtim innabit „er floh von Tyrus
[III. R. 12 „vom Westland"] nach Cypern". Die Residenz des
Eluläus war also Tyrus, das Gebiet von Sidon bis Akko und
Ušu tyrisches. Als letzteres unterworfen, sieht sich Eluläus
in seiner Sicherheit bedrängt und verläfst seine Stadt, um auf
Cypern den weiteren Verlauf der Ereignisse abzuwarten. Scheinbar als Herr der ganzen phönizischen Küste wendet sich Sanherib von da weiter nach Süden gegen Zedekia von Askalon. —
Trotz der anscheinenden Diskrepanz ergäuzt der Bericht Menander's die assyrische Geschichtsschreibung aufs beste. Sanherib konnte nicht, das mächtige Tyrus im Rücken, seine
Expedition nach dem Süden und gegen Hizkia fortsetzen. Er
zwingt darum die unterworfenen phönizischen Städte, ihm
gegen Tyrus beizustehen. Bei einem Flottenangriff erleidet er
aber trotz überwältigender Übermacht eine vollständige Niederlage. Der Versuch einer gewaltsamen Bezwingung der Insel
mifslingt; Sanherib that wohl, davon zu schweigen. Dagegen

---

1) Nach der Kollation von Bezold in KB p. 90, Note 12. Einen
ichen Inhalt bietet schon G. Smith, l. c. p. 64.

erzählt Menander die Ruhmesthat seiner Landsleute. Für ihn ist es bezeichnend, dafs er die Sidonier als Abtrünnige darstellt. Nun sah sich Sanherib nach dem mifsglückten Handstreich in einer schwierigen Lage. Er konnte seinen Plan gegen Tyrus nicht fallen lassen, ohne zugleich alle anderen Errungenschaften in Frage gestellt zu sehen. Andererseits duldete die Niederwerfung des ägyptisch - palästinensischen Bundes keinen Aufschub. So entschliefst er sich, der Ergebenheit des Tuba'lu gewifs, mit Hinterlassung einer Observationstruppe weiter zu ziehen. Sie war stark genug, den Tyriern den Zugang zum Lande abzuschneiden. Eine weitere Verlegenheit ward ihnen durch die Besetzung der Wasserleitung bereitet. Fünf Jahre hielten sie diesen Zustand aus und entnahmen ihren Wasserbedarf künstlichen Brunnen. Das Fragment schliefst, ohne den Ausgang der Belagerung anzudeuten. Man kann daraus mit Bestimmtheit entnehmen, dafs derselbe für Tyrus nicht günstig gewesen ist. Bislang fand man die einzige Andeutung eines für Sanherib erfolgreichen Abschlusses in einer Bemerkung gelegentlich seines Feldzuges gegen Nagiti, wonach er seine Schiffe mit tyrischen und sidonischen Kriegsgefangenen bemannt hat[1]): amêl ▸◄⟨(pl. 2) mât *Ḥatti ḫubut ḳašti'a ina Ninâ ušêšibma êlippê ṣirâti êpišti mâtišun ibnû nakliš malaḫê Ṣurrâ Ṣidûnâ Jamnâ kišitti ḳâti'a ušâḫisunûti urtum:* „Schiffbauer aus dem Ḥattiland, Kriegsgefangene meines Bogens, siedelte ich in Ninive an und sie bauten kunstvoll grofse Schiffe nach heimatlicher Weise. Ich beorderte darauf kriegsgefangene Matrosen, tyrische, sidonische und jonische". Neuerdings hat EVETTS[3]) einen Sanheribcylinder [*Sanh. Rass.*, datiert vom Ijjar des Jahres 700] veröffentlicht, in welchem Tyrus unter der Reihe der besiegten Völkerschaften aufgeführt wird: *tênišêt Kaldi Aramê Mannâ Ḳuê Ḫilakki Pilistu û Ṣurri ša ana niri bêlûti'a lâ ikun͟ušu assuḫamma dupšiku ušašši͟šunûtima ilbinû*

---

1) G. SMITH, *Hist. of Senn.*, p. 89 ff., vgl. III. R. 12. DELITZSCH, *Par.*, p. 76, *Assyrisches Wörterbuch* (WB), p. 295. 363.

2) „Schiffbauer". Das Ideogramm wird S♭ 106 als ṣilu „Rippe", hebr. צֵלָע, gedeutet.

3) ZA III, p. 314, Z. 69.

libittum: „Leute aus Babylonien etc. Philistäa und Tyrus, die sich meinem Joche nicht gebeugt hatten, deportierte ich, legte ihnen Frohnarbeit auf, und sie mufsten Ziegel streichen". Demnach waren jene Matrosen phönizische Krieger, die im assyrischen Exil als Frohnarbeiter lebten. Auch Tyrier befanden sich darunter. Vergleicht man die vorliegenden Quellen, so ergiebt sich, dafs die fünfjährige Belagerung zwar nicht mit der Eroberung von Tyrus geendet hat, wohl aber infolge eines Kompromisses, der nicht zu gunsten der Stadt ausgefallen ist. Von anhaltend schlimmen Folgen war jedoch die Niederlage für Tyrus nicht. Nur hatte es dauernd die Oberherrschaft über die umliegenden Städte verloren. Sidon, welches selbst unter den kriegerischen Ereignissen gelitten hatte, vermochte nicht aus der fünfjährigen Belagerung von Tyrus Nutzen für seine Handelsbeziehungen auf Kosten jener zu ziehen. Nur das ist mit Bestimmtheit anzunehmen: In der Zeit, in welcher die Unternehmungen von Tyrus lahm gelegt waren, ist der Keim gelegt worden zu freierer und selbständigerer Entwickelung der Kolonialstaaten. Für das Mutterland dagegen war der Umstand günstig, dafs Sanherib nicht in der Lage war, seine bedeutenden Erfolge im Westland genügend auszunützen. Er war in der Folgezeit zu sehr im eigenen Lande beschäftigt.

Sein Nachfolger Asarhaddon mufste das mühsam Errungene von neuem erwerben. Wenn er mit ungewohnter und aufserordentlicher Grausamkeit gegen die Widersetzlichen verfuhr, so war dies wohlberechnet und nicht erfolglos. Die betreffenden Berichte (WINCKLER, ZA II) reden offenbar von einer Doppelunternehmung gegen Sidon. Dafür spricht auch die Aufeinanderfolge, welche der anscheinend chronologisch geordnete Text III. R. 15. 16 bietet.[1]) Er erwähnt die Tributleistung der phönizischen Staaten und cyprischen Könige erst spät nach der Eroberung Sidons. Und gewifs erfolgte dieselbe erst, nachdem die verbündeten Sidonier und Gebirgsvölker besiegt waren. Das Verderben, welches über Sidon hereinbricht hat die Gesandtschaft an Asarhaddon zur Folge. Allen denen,

---

1) DELITZSCH, WB p. 194 A. 4.

die Tribut bringen, steht Ba'al von Tyrus voran, ganz Phönizien von Arvad bis Askalon und Gaza, Edom, Moab, Juda,
sie alle samt Cypern beeilen sich, dem assyrischen König ihre
Gaben zu Füfsen zu legen.[1]) Man wollte einem erneuten
Vordringen Asarhaddon's ins Westland durch freiwillige Lei-
stungen zuvorkommen. Dieser Zweck wird vollkommen erreicht. Es hat den Anschein, als ob Tyrus sich an die Spitze
der Tributären gestellt habe, um mit gröfserer Sicherheit eine
Verbindung mit Ägypten vorzubereiten. Seit dem Jahre 674
beginnen sich die Verhältnisse zwischen Ägypten und Assyrien
zuzuspitzen.[2]) Drei Jahre darauf rüstet Asarhaddon zum Entscheidungskampf. Tyrus hatte sich offen mit Tarqu von
Ägypten verbunden und somit die assyrische Herrschaft über
ganz Phönizien in Frage gestellt. Der assyrische König war
in gleicher Lage wie dreifsig Jahre vorher Sanherib. 671
bricht er mit einem grofsen Heere auf und zieht direkt auf
Tyrus los. Aber er besafs weder die Mittel zu einem erfolgreichen Angriff auf die Insel, noch die Zeit zu längerer
Belagerung. So läfst er sich daran genügen, Tyrus zur Un-
thätigkeit zu zwingen. Nach dem Vorbilde Sanherib's wendet
er sich gegen Süden unter Zurücklassung einer Abteilung,
welche die Küste der Insel gegenüber besetzt hielt und die Zu-
fuhr von Lebensmitteln abschnitt. Weiteres erfahren wir nicht.
Der Bericht hierüber schliefst unklar und deutet keinen Erfolg
an[3]): *Ina métik ḫarrâni'a eli Ba'lu šar Ṣurri ša ana Tarḳú
šar Kûsi ibrišu ittaklûma niru Ašûr bêli'a išlú etappalu merilịtu
[....] ḫalṣê elišu urakkisma akâlu u mû balâṭ napištišun aklá*:
„Im Verlauf meiner Expedition (zog ich) gegen Ba'lu, König
von Tyrus. Dieser hatte im Vertrauen auf Tarqu, König
von Kus, seinen Freund, das Joch Asur's, meines Herrn,
abgeschüttelt unter Führung frecher Reden [   ].[4]) Ich er-
richtete Schanzen wider ihn und schnitt ihm Speise und Trank,
das zum Leben Nötige, ab“. Die babylonische Chronik berück-
sichtigt nur den ägyptischen Feldzug. Sicher ist, dafs Asar-

1) III. R. 16, 12 ff., vgl. 1. R. 48, No. I, 2 ff.
2) Winckler, *Bab. Chron.* B, Col. IV, Z. 16. 23.
3) E. A. Budge, *History of Esarhaddon* p. 116 f. Tiele, l. c. p. 338.
4) Müdter-Delitzsch², l. c. p. 216.

haddon als Sieger sich schwer an Tyrus und seinem König
gerächt haben würde.[1]) Aber Ba'al von Tyrus ist nicht allzu
lange nach dieser Zeit schon wieder imstande, die Folgen
einer Belagerung auf sich zu nehmen. Auch der Umstand,
dafs Asarhaddon in seinem letzten Jahre gemäfs der babylonischen Chronik nochmals gegen Ägypten zieht, spricht nicht
für den Erfolg seines Unternehmens. Der Wert aber, den der
Besitz von Tyrus für den assyrischen Einflufs im Westen
haben mufste, trat immer deutlicher hervor.

Asurbanipal unternimmt einen Heereszug direkt gegen
Ba'al von Tyrus und Jakinlu von Arvad. Die Zeit desselben
ist nicht ganz sicher zu bestimmen. TIELE[2]) verlegt die
Expedition in die spätere Zeit der Regierung Asurbanipal's
aus dem Grunde, weil die „älteste Quelle K 2675" hiervon
nichts berichtet. Er verleiht diesem Annalenfragment mit
Recht eine besondere Bedeutung für die Chronologie. Es ist
die einzige Quelle, welche an erster Stelle von einem Zuge
gegen Kirbit schreibt in Übereinstimmung mit der babylonischen Chronik.[3]) Sie verzeichnet aufserdem die Unterwerfung von Lydien, Tabal und Arvad; von Tyrus erfahren
wir nichts. Hingegen werden jene Begebenheiten ebenso in
dem grofsen Cylinder V. R. 1—10 im Anschlufs an die Belagerung von Tyrus dargestellt. Weil diese Quelle aber kein
sonderliches Interesse an chronologischer Anordnung hat, so
fügt sie daran sogleich auch die kriegerischen Unternehmungen
gegen die später unbotmäfsig gewordenen Fürsten. Die Nicht-
erwähnung der Belagerung von Tyrus in K. 2675 ist bei der
summarischen Kürze dieser Tafel kein Beweis gegen die Richtig-
keit von V. R. 2, wonach der dritte Feldzug mit der Unterwerfung von Tyrus beginnt. Sie endete nicht wie bei Arvad
mit einem bedingungslosen Erfolge Asurbanipal's und wird

---

1) Eine Asarhaddonstele zu Sendschirli (PIETSCHMANN, l. c. p. 303 A)
zeigt zwei gebundene Gestalten vor dem König. Man vermutet unter
diesen Tarqu und Ba'al, aber im Widerspruch zu der ausdrücklichen
Bemerkung der *bab. Chron.* B Col. IV, 27: *šarrišu* (Tarqu) *ultēzib*
„sein König rettete sich".

2) l. c. p. 373.

3) l. c. Col. IV, 27.

darum in K. 2675 nicht besonders genannt. Das ganze Vorgehen gegen Tyrus stand in engem Zusammenhang mit der
Besiegung Ägyptens. Das Nachgeben der belagerten Stadt
war dann der Grund, warum Arvad freiwillig dem Könige die
Zeichen seiner Unterwürfigkeit sandte. Ein späterer Bericht
macht davon auch die Unterwerfung des Mugallu von Tabal
abhängig.

Die Beschreibung der Belagerung von Tyrus ist von grofsem
Interesse auch für den Vergleich mit der darauf folgenden
durch Nebukadnezar. V. R. 2, 49 ff.[1]): *Ina šalši girri'a eli Ba'li*
[*var. Ba'al] šar Ṣurri âšib ḳabal tâmtim lû allik ša [var. aššu]
amât šarrûti'a lâ iṣṣuru lâ išmû zikir šapti'a ᵃᶩ ḫalṣê elišu
nrakkis ina tâmtim u nabâli girrêtišu uṣabbit [alaktašu aprus
mê u tc'ûta balât napištimšunu ana pîšunu ušâkir ina mêsiri
danni ša lâ naparšudi ĉsiršunûti]²) napšâtsunu usîk ukarri ana
nîri'a ušaknisunûti mârat ṣit libbišu u mârâte aḫĉšu ana epêš
šal tuklûti (?) ûbila adi maḫri'a Jaḫimilki apilšu ša matêma
tiâmat lâ êbira ištêniš ušĉbila ana epêš ardûti'a mâratsu u mârâte aḫĉšu itti tirḫâti ma'assi amḫuršu rêmu aršišûma aplu ṣit
libbišu utîrma adinšu [ᵃᶩ ḫalṣê ᵖᶩ· ša eli Ba'ali šar Ṣurri urak-
kisu apṭur ina tâmtim û nabâli girrêtišu mala nṣabbitu aptê
madâtašu amḫuršu šalmiš atûra ana Ninâ]³): „Auf meinem
dritten Feldzug zog ich wider Ba'al von Tyrus, der inmitten
des Meeres wohnt. Er hatte mein königliches Geheifs nicht
gehalten, nicht gehorcht der Rede meiner Lippen. Schanzen
baute ich wider ihn, besetzte die Wege zu Wasser und zu
Lande, [hemmte seine freie Bewegung. Wasser und Speise,
ihren Lebensunterhalt, machte ich ihrem Mund kostbar, mit
starker unentrinnbarer Umschliefsung umfafste ich sie]. Ihr
Leben bedrängte und bedrohte ich. Da beugten sie sich unter
mein Joch. Seine eigene Tochter und die Töchter seiner
Brüder brachte er vor mich (für meinen Harem). Jaḫimilki,

---

1) Aus dem Cylinder Rᵐ 1, veröffentlicht V. R. 1—10.
2) Vgl. Smith, *History of Assurbanipal* p. 59, wonach Cyl. B [   ]
nach Z. 88 des C. A. eingreift. Zu *te'ûtu* „Speise" vgl. V. R. 28, 84ᵒᶠ
tá'u = *aká[lu]* mit II. R. 48, 46ʰ. Zu *mêsiru ĉsir* s. Haupt in BA
p. 19.
3) Smith, l. c. p. 68 f. aus Cyl. B.

seinen Sohn, der niemals das Meer überschritten, liefs er zugleich vor mich bringen, um mir dienstbar zu sein. Seine
Tochter und die Töchter seiner Brüder mit reicher Mitgift
nahm ich von ihm an, in Gnaden aber gab ich ihm den eigenen
Sohn wieder zurück. [Die Schanzen, welche ich wider Ba'al
von Tyrus aufgerichtet hatte, rifs ich ab, die von mir zu
Wasser und zu Lande besetzten Wege gab ich frei. Schwere
Abgaben nahm ich von ihm entgegen und siegesfroh wandte
ich mich heimwärts nach Nineve."]

Asurbanipal machte sonach noch mehr als seine Vorgänger
Ernst mit der Belagerung. Zu einem direkten Angriff fehlten
auch ihm die Mittel. Aber er schneidet Tyrus von jedem Verkehr mit der Aufsenwelt ab. Und die vollständige Blokade,
auf der Aufsenseite durch Schanzen geschützt, führte zu dem
gewünschten Resultat. Not und Mangel, gewifs auch die Interessen des gänzlich unterbundenen Handels, bewegen Ba'al
zum Nachgeben. Dafs er auf die Erwägungen bezüglich des
Handels besonderes Gewicht legte, zeigt auch der assyrische
Bericht. Er erwähnt bei der Aufhebung der Belagerung ausdrücklich die sofortige Freigabe des Verkehrs. Alle Hinder-
nisse wurden aus dem Wege geräumt. Wie grofsartig Asurbanipal auch die Belagerung angelegt hatte, sein Zweck war
nicht die Eroberung der Insel. Er drang nur auf die Unterwerfung des Königs von Tyrus, um seine Herrschaft bis zum
Mittelländischen Meere als gesichert ansehen zu können. Daher
wurde die Belagerung sofort aufgehoben, als Ba'al diesem Begehren willfahrtete. Die grofse Inschrift V. R. 1 ff. (Cyl. A)
spricht nicht einmal von Tribut, wie dies im später verfafsten
Cyl. B geschieht. Sie erwähnt nur die Übersendung der Ver-
wandten des Königs mit stattlicher Aussteuer. Mit ihnen erscheint Jahimilki, der Sohn und wahrscheinlich der Thronerbe,
vor Asurbanipal als Unterpfand der Treue. Er sendet ihn
grofsmütig zurück. Tyrus hat das Vertrauen gerechtfertigt
und keine Ursache zu neuem Angriff gegeben. Selbst als
Asurbanipal gegen Ende seiner Regierung nochmals Phönizien
betritt, um die Widerspenstigkeit von Ušu und Akko zu be-
strafen, wird Tyrus nicht erwähnt. Es hatte keine Macht mehr
über diese Städte, welche zu Sanherib's Zeit zu seinem Macht-

gebiet gehörten. Wahrscheinlich hatte es die Herrschaft über
sie ebenso wie über Sidon durch Sanherib's Eingreifen ein für
allemal verloren. Tyrus hatte sich der assyrischen Oberherrschaft gefügt.
Nunmehr konnte es sich wieder ungestört seinen Handelsunter-
nehmungen widmen, sie mußten ihm mehr denn je angelegen
sein. Denn gerade im siebenten Jahrhundert mehren sich die
bedenklichen Anzeichen selbständiger Regungen der tyrischen Kolonien. Das benachbarte Cypern macht sich die assyrischen Inva-
sionen zu nutze. Es sucht Anlehnung an Assur, um sich ungestraft
von Tyrus lösen zu können. In Tartessus finden wir seit dem
7. Jahrhundert eine einheimische Dynastie[1]), wenngleich unter
der Oberhoheit der Mutterstadt. Noch lag hier, wie die pro-
phetischen Weissagungen, besonders die des Jesaia, besagen,
die Hauptstütze des tyrischen Reichtums. So lange das assyrische Reich sich mit der Oberherrlichkeit über Phönizien
begnügte und nicht eine faktische Herrschaft über die Mittelmeerküste erstrebte, konnte sich Tyrus sehr wohl den An-
forderungen fügen. Nebukadnezar's Verlangen aber ging auf
Beherrschung des Mittelmeeres und somit auf Eroberung der
phönizischen Städte. Gegen dieses Beginnen rafft sich Tyrus
von neuem auf mit aller ihm zu Gebote stehenden Kraft,
während es sich bis zum Zeitpunkt des Angriffs fast unthätig
verhalten hatte. Die politische Lage hatte mit dem Sturz des
assyrischen Reiches allenthalben eine neue Gestalt angenommen.
Necho von Ägypten suchte Gelegenheit, die Umgestaltung der
Verhältnisse zu seinen Gunsten auszunützen. Die Schlacht bei
Karkemisch[2]) zerstörte alle Pläne und Hoffnungen. Dieser Miß-
erfolg mußte auf die phönizisch-palästinensischen Verhältnisse
zurückwirken. Bisher hatte Tyrus stets zu denjenigen Staaten
gehört, welche in Anlehnung an Ägypten dem assyrischen Vordringen hindernd in den Weg traten. Unter der späteren
Regierung Asurbanipal's beteiligt es sich nicht mehr am Kampfe.
Aber das neutrale Verhalten ändert sich sofort nach dem Re-
gierungsantritt Nebukadnezar's. Jeremias Kap. 27, 3 spricht
von Boten der Länder Moab, Ammon, Tyrus und Sidon am

---

1) PIETSCHMANN, l. c. p. 308.   2) MEYER, l. c. § 483.

Hofe Jojakim's, die ihn zu gemeinsamer Auflehnung gegen das
neubabylonische Reich zu bewegen suchen. Jojakim wider- .
stand, den Mahnungen des Propheten gehorchend.[1]) Es ist
die letzte biblische Nachricht über Tyrus vor dem Anzuge
Nebukadnezar's. Nur aus einer Angabe bei Herodot[2]) können
wir auf die weitere Entwickelung der Verhältnisse, sofern
Tyrus in Betracht kommt, schließen. Er erwähnt einen Zug
des Königs Apries von Ägypten (588—570) gegen Sidon und
Tyrus. Derselbe findet nach der Belagerung von Tyrus durch
Nebukadnezar keinen Platz. Da galt es für Ägypten auf den
kommenden Entscheidungskampf zu rüsten, der 668 seinen
Anfang nahm.[3]) Der phönizische Feldzug des Apries gehört in
seine erste Zeit. Tyrus scheint dem Bündnis mit Palästina-
Ägypten neutrales Verhältnis vorgezogen zu haben; es hoffte
aus dieser Politik Nutzen zu ziehen und dadurch ein gewaltsames Vorgehen von sich abzuwenden. Nur so ist es erklärlich, dafs Tyrus Schadenfreude über den Fall Jerusalems
empfindet.[4]) In diesem Glauben hatte es nach der Schlacht
bei Karkemisch sich von Ägypten losgelöst und Apries suchte
für die Bundesverweigerung Rache zu nehmen, ein Versuch,
der ohne Erfolg blieb. Um so ernster gestaltete sich die Lage
für Tyrus nach Jerusalems Sturz. Es bildete das nächste Ziel
Nebukadnezar's und in der That das Endziel seiner Bestrebungen. Denn sein Zug nach Ägypten ist nicht Eroberungs-
zug, er dient vornehmlich der Sicherung der bisherigen Er-
oberungen, welche durch ein mächtiges Ägypten hätten in
Frage gestellt werden können. Mit Tyrus besafs Nebukadnezar die Herrschaft über das Mittelmeer und durch den Besitz
der Mittelmeerstaaten eine natürliche Abgrenzung seines Macht-
bereiches. 13 Jahre hat er verwandt, um zu diesem Ziele zu
gelangen. Das übrige Phönizien war längst in seiner Gewalt[5]),
als er gegen die Insel rüstete; die Unterwerfung dieses letzten

1) Vgl. Tiele p. 428.   2) II, 161.
3) Pinches in TSBA p. 220 Obv. 13f.: šattu XXXVII Nabûkudûriuṣur
šar [Bâbili ana mât] Miṣir ana epêš tahâzi il[lik]: „im 37. Jahre zog
Nebukadnezar, König von [Babylon, gegen] Ägypten zu Felde".
4) Ezech. 26, 2.
5) Josèphus, c. Ap. ed. Niese I, 19, 133.

Gegners sollte die Herrschaft über ganz Palästina-Phönizien
. besiegeln. Das historische Material, welches über die Belagerung
von Tyrus durch Nebukadnezar vorliegt, beschränkt sich auf
wenige bruchstückartige Mitteilungen des Josephus aus Berossos
und tyrischen Annalisten.[1]) Von gröfster Wichtigkeit neben
diesen rein geschichtlichen Angaben sind die Prophezeiungen
des A. T., welche hierauf Bezug haben, bei Jeremia, Jesaia II. und Ezechiel. Alle anderen Geschichtsschreiber wie
Eusebius, Justin, Strabo beruhen teils auf diesen Quellen, teils
stützen sie sich auf phantastische Erweiterungen durch Hiero-
nymus in seinem Kommentar zu Ezechiel. Für die folgende
Untersuchung sind sie darum belanglos. Der Umstand, dafs
wir von Nebukadnezar selbst keine Nachricht über den Verlauf seines Unternehmens erhalten, entspricht der Beschaffenheit der auf uns gekommenen neubabylonischen Inschriften.
Sie legen sämtlich gröfsten Wert auf die Beschreibung der
verschiedenen neuen Bauten, während sie nur ganz sum-
marisch die kriegerischen Erfolge verzeichnen. So um-
schreibt die einzige gröfsere Inschrift Nebukadnezar's den
Eroberungskreis des Königs ganz allgemein mit den Worten[2]):
*Ina tukultisu sirti mâtâte rûķâte sadim nisúti ístu tâmti cliti
adi tâmti sapliti .... crtcddi:* „Unter seinem (näml. Merodach's)
erhabenen Beistand durchzog ich ferne Lande und weite Gebirge, vom oberen Meere bis zum unteren Meer".

Obwohl nun Nebukadnezar's Herrschaft bis zum Mittelländischen Meer reichte, ist doch der Ausdruck *tâmti sapliti*
ein befremdender und seine Deutung nicht ganz zweifellos.
Wir sind also für die auswärtigen Angelegenheiten Nebukadnezar's ganz auf fremde Quellen angewiesen.

Vergleicht man die von Josephus verzeichneten Angaben
mit den Daten, welche Ezechiel bietet, so ergiebt sich für den
Anfang der Belagerung das Jahr 585.[3]) Im Jahre 604 hatte

1) Josephus, Ant. X, 11, 1; c. Ap. I, 20 f.
2) I. R. 53 Col. II, 12 ff. *Sadim* ist Pluralform mit Mimation, wie
überhaupt die alten Formen sich in der Nebukadnezar-Inschrift häufen.
3) Die sicher verderbte Stelle c. Ap. I, 21: ἑβδομω μεν γαρ ἑτει της
Ναβουχοδονοσορου βασιλειας ἠρξατο πολιορκειν Τυρον, welche ganz ver-

Nebukadnezar den Thron Babels bestiegen, 586 hat er seine Aufgabe im Westland bis auf Tyrus vollzogen. Der Fall Jerusalems öffnete ihm den Weg, um mit dem Zuge gegen diese Stadt seine Thätigkeit im Westlande abzuschliefsen. Schon 604 verkündete Jeremia Kap. 25, dafs von Ägypten bis Elam der Schrecken dieser Strafrute in Gottes Hand daherstreichen werde. Jetzt sah Ezechiel mit scharfem Blick voraus, dafs Nebukadnezar unverweilt sein Werk in Angriff nehmen werde. Noch in demselben Jahre, dem elften Zedekia's, richtet er Kap. 26 seine Drohweissagung wider das schadenfrohe Tyrus. Eine derartige rasche Aufeinanderfolge des jüdischen und phönizischen Feldzuges bezeugt ebenfalls eine Notiz, welche Clemens Alexandrinus dem Berossos entnommen hat[1]): Nebukadnezar sei im zwölften Jahre des Zedekia, 70 Jahre vor der persischen Herrschaft, gegen Phönizien und Juda zu Felde gezogen. Genauer führt noch die Königsliste des Josephus, c. Ap. I, 21, auf die oben angegebene Zeit. Danach fällt das Ende der Regierung Ithoba'al II. in das Jahr 672.[2]) Es liegt von vornherein nahe, das Aufhören der Belagerung mit einem Regierungswechsel in Verbindung zu bringen (s. u.). Hierüber giebt keine der erwähnten Quellen eine bestimmte Kunde. Josephus berichtet nur, dafs Nebukadnezar dreizehn Jahre vor Tyrus gelagert habe. Mit diesem Zeugnis stimmen die Weissagungen Ezechiel's indirekt überein, denn sie umfassen die Jahre von 586—570.

Will man sich ein Bild von der Belagerung selbst entwerfen, so bieten zunächst die Ezechielischen Stücke einen sicheren Anhalt. Er sah das Unglück über Tyrus mit solcher

---

einzelt im Widerspruch zu allen anderen chronologischen Merkmalen sieh vorfindet, mufs hierbei aufser Acht gelassen werden. Niese, l. c. bemerkt dazu: *rationi conveniens est ita haec refingere*: ἑβδόμῳ μὲν γὰρ ἔτει τῆς Ἰθωβάλου βασιλείας Ναβουχοδονόσορος ἤρξατο.

1) Clemens Alexandrinus, strom. I, cap. 21, 123 ed. Dindorff: Ἐν δὲ τῷ δωδεκάτῳ ἔτει τῆς Σεδεκίου βασιλείας Ναβουχοδονόσορ πρὸ τῆς Περσῶν ἡγεμονίας ἔτεσιν ἑβδομήκοντα ἐπὶ Φοίνικας καὶ Ἰουδαίους ἐστρατευσεν, ὡς φησι Βηρω(σ)σος ἐν ταῖς Χαλδαικαῖς ἱστορίαις.

2) Vgl. überhaupt Smend, *Der Prophet Ezechiel* p. 184 ff.; Tiele, l. c. p. 433 ff.; Meyer, l. c. § 496; Gutschmid, l. c. p. 70.

Gewalt hereinbrechen, dafs er inmitten der Kriegsrüstungen
ein Klagelied über die schöne Handelsstadt anstimmt, die nun
gar so jämmerlich darniederliegt. In anschaulichem Gemälde
stellt er den babylonischen Ansturm wider die scheinbar un-
einnehmbare Meeresveste dar. Seine Beschreibung erinnert
unwillkürlich an Asurbanipal's Versuche, der Stadt mächtig
zu werden. Nebukadnezar kämpft mit denselben Mitteln und
schliefslich ist allem Anschein nach auch der Erfolg der nämliche gewesen. Zuerst bemächtigt er sich des ganzen Küsten-
gebietes (26, 8), schneidet Tyrus von allem Verkehr mit dem
Festlande ab, um nunmehr aggressiv vorzugehen. Es beginnen
die Belagerungsarbeiten. Asurbanipal hatte den Plan verfolgt,
Tyrus durch gänzliche Isolierung zur Unterwerfung zu zwingen.
Nebukadnezar's Zurüstungen sind auf Eroberung angelegt.
Drastisch beschreibt Ezechiel die Mühen derselben Kap. 29, 18
(s. u.). Nicht allein diese Schilderung, sondern auch die ganze
Weissagung Kap. 26 spricht von Vorkehrungen zur Einnahme
der Insel. Ezechiel sieht den zerstörenden Einzug mit Rossen
und Reitern voraus, welche Tyrus in eine Staubwolke verhüllen.
Beide Stellen legen die Vermutung nahe, dafs schon Nebukadnezar versuchte, einen Damm nach der Insel hin aufzuschütten.
Arrian[1]) erzählt zudem, Alexander habe für sein Riesenwerk
eine Erleichterung darin gefunden, dafs das Meer eine Strecke
hinaus seicht gewesen sei. Eine genügende Flotte, mit der
Nebukadnezar seinen Willen hätte durchsetzen können, stand
ihm nicht zu Gebote. Die Quellen wissen nichts von einer
Seeblokade. Aber die Energie, welche den König 13 Jahre
mit seinem Heere vor der Insel festhielt, setzt voraus, dafs er
kein Mittel unversucht gelassen, um den Trotz der Belägerten
zu brechen. In Tyrus wiederum herrschte ein König, der mit
ebenso unbeugsamem Willen dem Andringen der Weltmacht
widerstand, an dessen Zähigkeit auch schliefslich die Macht
des Eroberers scheiterte. Dem entspricht das Bild, in welchem
Ithoba'al II. von Ezechiel Kap. 28 gezeichnet wird, als Cherub
auf dem heiligen Berge Gottes, der sich über Gott erhebt und
darum von seiner Höhe herabgestofsen wird. So wird die Stelle

1) II, 18, 3 vgl. Smend, l. c. p. 185.

zu verstehen sein, nicht aber, als ob Ithoba'al göttliche Verehrung seitens seines Volkes beansprucht oder sein Geschlecht von den Göttern hergeleitet habe. Wie endete aber die Belagerung? Die tyrischen Fragmente geben hierüber keine Antwort, die Weissagungen greifen den Ereignissen voraus. Dennoch findet sich eine Andeutung des Ausganges bei Ezechiel. 668 zieht Nebukadnezar nach Ägypten und zwei Jahre vorher weissagt der Prophet Kap. 29, 17 ff.: Nebukadnezar werde sein Lohn, um den er vor Tyrus vergeblich sich abgemüht, jetzt von Ägypten werden. Die Worte, welche auf die Belagerung Bezug haben, lauten: וְשָׂכָר לֹא־הָיָה לוֹ וּלְחֵילוֹ מִצֹּר. Man kann diese Worte ohne Zwang nicht anders deuten, als dafs Nebukadnezar keinen entscheidenden Erfolg davongetragen hat.[1]) Auch begünstigen zwei andere Umstände die Annahme dieses Ergebnisses der Belagerung; einmal die lange Zeit, welche zwischen dem Abzug von Tyrus 673 und dem Einfall in Ägypten verstreicht. Erst fünf Jahre nachher kann Nebukadnezar daran denken, den schon längst geplanten und von allen Propheten verkündeten Zug wider Ägypten zu unternehmen. Noch wichtiger aber ist ein anderer Umstand, der anscheinend für ein gewaltsames Ende der Belagerung spricht. Die oben erwähnte Regentenliste spricht von Kronprätendenten, welche Tyrus sich aus Babylon herbeigeholt habe.[2]) Thatsächlich liegt hierin durchaus kein Anzeichen, dafs Nebukadnezar als Eroberer der Insel anzusehen sei.[3]) Hingegen erinnert man sich der Sendung des Jaḥimilki an Asurbanipal zum Zeichen der Treue in Bezug auf den geschlossenen Vertrag. Auch jetzt wird ein ähnliches Abkommen getroffen worden sein. Tyrus hat sich nicht ergeben, aber der Oberhoheit Babels gefügt. Nebukadnezar trug also den erhofften Lohn seiner Mühen nicht davon, aber er konnte ungehindert gegen Ägypten ziehen.

Im Zusammenhang mit der babylonischen Expedition gegen

1) SMEND, l. c. p. 186; SCHULTZ, *Alttestamentliche Theologie* p. 269.
2) Josephus c. Ap., ed. NIESE I, 21, 157 f.
3) Vgl. FRANZ DELITZSCH, *Kommentar über das Buch Jesaia* ⁴ p. 282.

Tyrus ist auch die deuterojesaianische Weissagung c. XXIII
zu behandeln. Schon Movers und nach ihm Bleek verweisen
das Kapitel in die Chaldäerzeit.[1]) Bei der Frage nach der
Datierung sind V. 1—14 als geschlossenes Ganze unabhängig
von dem folgenden Zukunftsbild zu betrachten. V. 1 hebt
damit an, die Schiffe des sagenhaft reichen Tartessus zur Weh-
klage über den Fall der Mutterstadt aufzufordern, eröffnet ihm
dann V. 10 die glänzende Aussicht voller Freiheit und kehrt
V. 14 zum Anfangsmotiv zurück. Die V. 10 angekündigte Er-
hebung der Kolonien zu selbständiger Entfaltung und Los-
lösung vom Mutterland paßt am besten in die Zeit des beginnenden neubabylonischen Reiches.[2]) Der Schwerpunkt liegt
aber in V. 13. Die geheimnisvolle, in ihrer Kürze gewaltige
Beziehung auf den Fall Nineves entspricht der furchtbaren
Katastrophe, welche unheimlich schnell über Assur herein-
gebrochen war. Das anscheinend bedeutungslose Chaldäervolk
war wie ein Sturm vernichtend über Assyriens Herrlichkeit
dahingebraust. Der Zeit nach dürfte die Weissagung des Buches
Jesaia der des Ezechiel voraufgehen. Sie ist noch vor der
Belagerung gesprochen. Sidon soll erschrecken über den Fall
von Tyrus, gleichwie man über das Unglück Ägyptens — bei
Karkemisch — erschrocken war V. 4 ff. Die schwere Nieder-
lage Ägyptens war noch in gutem Gedächtnis, jetzt hat der
Herr auch die Demütigung Kanaans beschlossen V. 11, vgl.
Jer. 47, 4.

Kehren wir nochmals zu dem Ende der Belagerung zurück
mit der Frage, welchen Eindruck dieselbe auf die politische
Stellung von Tyrus hinterlassen hat. Das reale Ergebnis ist
trotz des Mißerfolgs Nebukadnezar's für den tyrischen Staat
eine schwere Niederlage. Wir stehen vor einem großen Ein-
schnitt in der geschichtlichen Entwickelung von Tyrus. Noch
vor der Belagerung war es in höchster Blüte. Es überragte

1) Es wird von den meisten Auslegern in die Zeit Salmanassar-
Sarheril's verlegt, so Bredenkamp, *Der Prophet Jesaia* p. 142 f., dagegen
aber Bleek-Wellhausen, *Einleitung in das Alte Testament* p. 292 f.;
Franz Delitzsch, l. c. p. 275 ff. und Dillmann, *Der Prophet Jesaia*²
p. 207 ff. 209.
2) s. p. 39.

politisch alle anderen Staaten der Mittelmeerküste und war
um dieser Stellung willen das letzte Bollwerk des Westens
gegen die ostasiatische Grofsmacht. Ezechiel schildert in an-
schaulicher Weise den grofsartigen Handel von Tyrus. Tyrus
ist für jene Zeit die Handelskönigin, seine Kaufleute werden
Fürsten genannt. In alle Gegenden der Welt sendet es
Karawanen aus und häuft Reichtum auf Reichtum. Auch
als Kolonialmacht steht es obenan. Im Westen reiht sich
eine tyrische Kolonie an die andere. Eine grofse Flotte
vermittelt den Verkehr mit den entlegenen Gegenden des
Mittelmeeres und sichert zugleich die Herrschaft des Mutter-
landes. Dieser Herrlichkeit hat die dreizehnjährige Belagerung
ein jähes Ende bereitet. Die ganze Kraft des tyrischen Staats-
wesens war auf die Abwehr der hier drohenden Gefahr gerichtet. Das übrige Phönizien, bereits unterworfen, diente dem
Willen des Angreifers, vielleicht in ähnlicher Weise wie unter
Sanherib und später unter Alexander. Der ganze Handel war
unterbunden, die Kolonien losgelöst von jeglichem Zusammenhang mit dem Mutterstaat. Und diese völlige Umkehrung aller
bisherigen Verhältnisse hielt dreizehn Jahre ununterbrochen
an. Die Folgen waren unausbleiblich und verhängnisvoll.
Sidon tritt das freie Erbe an, und sein Handel blüht empor
auf Kosten von Tyrus. Die Rückwirkung auf die politischen
Verhältnisse war selbstverständlich. In nicht zu langer Zeit
steht Sidon als der mächtigste Staat an der Spitze Phöniziens.
Ein anderer Teil des Handels war ganz an die Kolonien
übergegangen, und die erst gezwungene Selbständigkeit wurde
von selbst das Ziel aller Bestrebungen. Alle diese un-
günstigen Verhältnisse mufsten eine Kräftigung erfahren,
wenn Tyrus im eigenen Haus nicht festgegründet blieb
und sich Nachwirkungen der langen Belagerung auf die
innere Politik fühlbar machten. Dafs auch dies der Fall
gewesen ist, zeigt die von Josephus mitgeteilte Königsliste.
Den Königen folgen Suffeten und ihre Reihe ist durch-
brochen durch die einjährige Regierung des Βαλατορος.
Auch ein Priester bekleidet drei Monate die oberste Gewalt. Schliefslich greift man auf die alte Dynastie zurück

und holt sich aus Babel die folgenden Herrscher, bis die persische Großmacht die neubabylonische ablöst. Allenthalben Anzeichen der einen Thatsache: Die fernere Geschichte von Tyrus bis auf Alexander den Großen ist die Geschichte des Niederganges der Stadt, welcher einer schönen Blütezeit in raschem Wechsel folgte.

www.ingramcontent.com/pod-product-compliance
Lightning Source LLC
Chambersburg PA
CBHW031818090426

42739CB00008B/1322